立法沿革研究の新段階
──明治民法情報基盤の構築──

立法沿革研究の新段階

―― 明治民法情報基盤の構築 ――

佐 野 智 也

信 山 社

はしがき

　この研究は，民法各規定の明治期の立法沿革に関する情報を的確に把握する仕組みを提供することで，より高度な民法研究やさらなる民法の理解を実現するための基礎研究である。この研究は，加賀山茂先生から本書中の「理由書 Web」として完成するツールの原型を見せていただいたことで始まったと言っても過言ではない。加賀山先生に見せていただいたものは，民法の立法理由書とも言える資料（広中俊雄編著『民法修正案（前三編）の理由書』（有斐閣，1987））を読みやすく加工して，しかも，現在の民法の条文と対応させて内容を見ていけるようにしたものであった。

　当時の筆者は，現在の民法の条文だけではなく，立法当時の条文も見られるようにした方がより便利だと考えて改良作業を始めた。民法修正案理由書の解題を手がかりに，立法当時の条文案である「修正案」を見つけることができたが，今度はこの修正案がどのようにして作られたのか，ということに興味を抱いた。ほどなく『日本近代立法資料叢書』という資料に辿り着いたが，この資料の第 1 巻が第 100 条から始まっているのを見て，第 1 条はどこに掲載されているのか，なぜ第 100 条から始まっているのか，ということが全くわからず，途方に暮れたものであった。その後，立法沿革がそれほど単純ではなく，資料も整序されていないことを知った。また，現代の民法，公布時の民法，修正案，原案，と遡っていく中で，内容を確認する際に，条文番号がいちいち異なることにも，非常に手間を感じていた。

　このような経験を経て，資料に関する情報を体系的にわかりやすく提供できれば多くの人の役に立つと思ったことが，この研究を始めたきっかけである。資料の整序については「民法史料集」でわかりやすくまとめ直し，条文番号については「Article History」というツール

はしがき

で対応関係がわかるようにする方向で解決を試みた。この成果は，本書の副題にもある「明治民法情報基盤」の一部であり，必要な情報を有機的に関連付けるという発想に基づいたものである。

明治民法情報基盤の構築を進めていく過程で，広中俊雄先生を始めとする何人かの方々が雑誌論文等に立法沿革資料の解説を発表されていることを知った。しかし，それらは，断片的・部分的な解説に留まっている。民法の立法沿革について触れられている教科書や基本書はいくつもあるが，立法沿革を調べるために必要な資料について体系的に解説したものは存在しないのである。立法沿革とその資料に関する情報をまとめた手引書があれば便利である，そう考えたことが，本書をまとめるきっかけの一つとなった。

本書は，名古屋大学に提出した博士学位論文に，第1章を新規に追加し，その他の部分についても加筆・編集を加えて一書にまとめたものである。新規に追加した第1章が，民法の立法沿革と資料の手引書になることを企図した部分である。手引書としての特徴は，旧民法と民法の両方を扱う点と，対象を基本事項・基本資料のみに留めた点にある。さらに詳細を知りたい場合には，本書を手引きとして，示されている関連書籍・論文を参照していただきたい。

また，本書では，資料の位置づけだけではなく，資料利用上の注意点・問題点を示すことにも努力した。資料の問題点については，明治民法情報基盤を作ったことでより明確になった部分が少なくない。資料をコンピュータで処理する関係上，矛盾したり不明確であったりする部分が，如実に明らかになるからである。公表すべき問題点をいくつも見つけてはいたが，それだけで研究論文にすることは難しい。本書の執筆は，このような資料の問題点を公表する場としても，有意義なものであったと考えている。

本書全体として見ると，民法の立法沿革とその資料の解説は，明治民法情報基盤の構築に向けての前提に過ぎず，明治民法情報基盤の構

はしがき

築とその具体的な利用方法を示すことが主題である。明治民法情報基盤の構築にあたって考慮した要素は，他の領域の立法沿革研究にも当てはまるものである。この研究の成果をもとにして，他の法学領域にも貢献ができれば幸いである。

また，明治民法情報基盤の利用例の一つとして不動産質と用益物権の検討をおこなっている。筆者は民法学として財産法体系に関心を持っており，このような関係から利用例を選択した。この検討の内容自体は本書の主題ではないが，この検討結果がわずかながらでも民法学に貢献できれば幸いである。

本書の執筆にあたって，できる限りの注意を払ったが，思わぬ誤りや見落としをしていることを危惧している。この点については，率直なるご意見，ご叱正を賜りたい。それをもとに明治民法情報基盤をより良いものに改善していきたいと考えている。

ここに至るまでに，多くの先生・先輩方にお世話になった。この研究は，法情報学と民法にまたがるものであるが，松浦好治先生（名古屋大学）と加賀山茂先生（明治学院大学）という二人の恩師の存在の表れにほかならない。加賀山先生は名古屋大学から明治学院大学に移られていたため，形式的には指導教員という立場になっていただくことがなかったにもかかわらず，指導教員と同等の学恩を賜った。研究のきっかけをくださっただけではなく，その後も，研究に対して常に温かくご指導をいただいている。松浦先生には，学部卒業後に研究プロジェクトに誘っていただいて以来，本当に多岐にわたるご指導をいただいている。松浦先生のご指導いただいた研究に対する考え方・アプローチの仕方がなければ，このように研究をまとめあげることはできなかった。

本書のもととなった博士論文において，指導教員として主査の労をとってくださった尾島茂樹先生（名古屋大学）には，細部にわたって論文をご指導いただいた。この研究は多岐の領域にまたがっているた

はしがき

め，この他にも名古屋大学大学院法学研究科の様々な領域の先生方に大変お世話になった。また，研究初期の頃からご支援くださっている岡孝先生（学習院大学），明治期の民法立法史の第一人者であり多くのご助言をくださった大久保泰甫先生（名古屋大学名誉教授）と高橋良彰先生（山形大学），常に頼りになる先輩として接してくださっている伊藤栄寿先生（上智大学）をはじめ，多くの方々に支えられている。すべての方々のお名前を上げることはできないが，ここに記して感謝申し上げたい。さらに，筆者がこの研究を続けられているのは，所属する名古屋大学大学院法学研究科附属法情報研究センターにおいて，センター長の増田知子先生（名古屋大学）をはじめとする方々のご配慮によるものであり，改めてお礼申し上げたい。

なお，本書の中核をなす明治民法情報基盤の作成には，テキストデータの作成を中心に少なからず役務費用が発生する。この点について，以下の助成を使わせていただいた。

・JSPS 科学研究費 研究活動スタート支援（課題番号：26885036）
・JSPS 科学研究費 若手研究(B)（課題番号：16K17025）
・JSPS 科学研究費 基盤研究(A)（課題番号：20240024）
・JSPS 科学研究費 基盤研究(S)（課題番号：23220005）
・文部科学省運営費交付金特別経費「日本法令の国際発信を支える法学・情報科学融合研究の推進」

本書は，信山社の袖山貴氏の熱意と稲葉文子氏のご尽力によって出版することができた。広中俊雄編著『日本民法典資料集成』をはじめ，立法資料の復刻を数多く手掛ける同社から本書を出版できたことは，私にとって非常にありがたいことであり，心よりお礼申し上げる。

2016 年 4 月

佐　野　智　也

目　次

序章　はじめに ……………………………………………………………… 3

　第1節　民法立法沿革研究と資料の問題点 ……………………………… 3
　第2節　本書の構成 ………………………………………………………… 8

第1章　民法立法史と立法沿革研究資料 ………………………………… 11

　第1節　立法過程の概要 …………………………………………………… 11
　　(1)　旧 民 法 期 ………………………………………………………… 11
　　(2)　明治民法期 ………………………………………………………… 17
　第2節　旧民法・明治民法の共通資料（日本学術振興会立法
　　　　　関係復刻資料群）…………………………………………………… 20
　　(1)　学振版について …………………………………………………… 21
　　(2)　商事法務版 ………………………………………………………… 23
　第3節　旧 民 法 期 ………………………………………………………… 25
　　(1)　プロジェ …………………………………………………………… 25
　　(2)　民法編纂局 ………………………………………………………… 30
　　(3)　法律取調委員会 …………………………………………………… 32
　　(4)　元老院・枢密院 …………………………………………………… 40
　　(5)　民法理由書（エクスポゼ）………………………………………… 41
　　(6)　人事編・財産取得編（続）に関する資料 ……………………… 42
　第4節　明治民法期 ………………………………………………………… 46
　　(1)　法典調査会の方針 ………………………………………………… 46
　　(2)　起草委員の原案（甲号議案）……………………………………… 48
　　(3)　議事速記録 ………………………………………………………… 57
　　(4)　決議案・整理案・確定案 ………………………………………… 58

ix

目　次

　　(5)　民法修正案理由書 …………………………………… *61*
　　(6)　帝 国 議 会 …………………………………………… *67*

第2章　明治民法情報基盤 …………………………………… *69*

第1節　既存の資料集の分析 ………………………………… *69*
第2節　明治民法情報基盤のコンセプト …………………… *74*
第3節　民法史料集 …………………………………………… *77*
　　(1)　民法史料集の概要 …………………………………… *77*
　　(2)　資料の配置 …………………………………………… *78*
　　(3)　資料へのアクセス …………………………………… *85*
　　(4)　テキストデータについて …………………………… *87*
第4節　分析ツール …………………………………………… *91*
　　(1)　"Article History" …………………………………… *91*
　　(2)　理由書 Web ………………………………………… *97*
　　(3)　参照外国法分析器 ………………………………… *100*
　　(4)　用語変遷追跡 Bilingual KWIC …………………… *106*

第3章　明治民法情報基盤を通した立法沿革研究 ………… *113*

第1節　不動産質──個別検討の例として── …………… *113*
　　(1)　序　　論 …………………………………………… *113*
　　(2)　旧不動産質の内容と現不動産質の違い ………… *117*
　　(3)　旧不動産質が失われた経緯 ……………………… *129*
　　(4)　慣習としての田畑質 ……………………………… *137*
　　(5)　小　　括 …………………………………………… *140*
第2節　用益物権体系──横断的検討の例として── …… *144*
　　(1)　序　　論 …………………………………………… *144*
　　(2)　旧民法の物権体系 ………………………………… *147*
　　(3)　地　上　権 ………………………………………… *152*

　　　　　　　　　　　　　　　　　　　　　目　次

　(4)　永小作権 ………………………………………………… *158*
　(5)　地 役 権 ………………………………………………… *169*
　(6)　小　　括 ………………………………………………… *179*

終章　本書のまとめと課題 …………………………………… *185*

　第 1 節　本書のまとめ ………………………………………… *185*
　第 2 節　明治民法情報基盤の課題 …………………………… *186*

資　料

　Appendix 1　学振版全 288 巻の一覧 ……………………… *190*
　Appendix 2　参照外国法令一覧 …………………………… *202*
　Appendix 3　参照日本法一覧 ……………………………… *211*

事 項 索 引 ………………………………………………………… *213*

立法沿革研究の新段階
――明治民法情報基盤の構築――

序章　はじめに

第1節　民法立法沿革研究と資料の問題点

　日本の民法学説・解釈論は，長きにわたってドイツ法学の強い影響下にあった。これは，日本民法典がドイツ民法を参照して作られたと考えられていたためである[(1)]。しかし，昭和40(1965)年に登場した星野英一の論文により，日本民法典の定める諸制度・諸規定が，明治23年民法（いわゆる旧民法）やフランス民法とつながりを持ち，民法の研究や解釈にとってそのつながりを考慮することが必要であると主張された[(2)]。星野の論文を一つの契機として，その後，立法沿革の考察の重要性が認識されるに至り，解釈論を展開する前提として，歴史沿革・立法沿革についての考察を入れることが重要なテーマの一つとなっている[(3)]。

　このように，星野の論文は立法沿革研究の必要性を示唆するものと

---

(1) 星野英一「日本民法典及び日本民法学説におけるG・ボアソナードの遺産」加藤一郎先生古稀記念『現代社会と民法学の動向（下　民法一般）』（有斐閣，1992）59頁以下。

(2) 初出は，星野英一「日本民法典に与えたフランス民法の影響——総論，総則（人 - 物）」日仏法学3号（1965）1頁以下。星野英一『民法論集・第一巻』（有斐閣，1970）69頁以下に所収。

(3) 例えば，星野英一〔ほか〕編集『民法講座　第1巻』（有斐閣，1984）では，はしがきで歴史沿革の考察を加える重要性を述べ，歴史的考察を加えることを本書のねらいの一つとしている。また，このような方法論をめぐって池田＝道垣内論争と呼ばれるものがあり，大村敦志「『債権譲渡の研究』（池田真朗著）を読む　池田＝道垣内論争と「テクストの読み」としての法の解釈・研究」NBL536号（1994）40頁以下は，この論争を紹介・検討するとともに，沿革研究の重要性を述べている。

序章　はじめに

して、重要な位置に置かれるが、そこで用いられた資料についても、重要な特徴がある。昭和40年代以前の民法研究における立法沿革研究は、現行民法の審議資料か旧民法の正文にとどまり、旧民法の起草段階までさかのぼって資料を参照する研究は存在しなかった[4]。旧民法の編纂段階は、法制史の領域であり実定法の領域ではないと認識されていたためである。しかし、昭和40年代に入り、上記星野に加え、三ケ月章、内池慶四郎らが、旧民法の起草段階の資料を参照した論文を発表した。このような手法は、その後の民法研究に大きな影響を及ぼし、昭和50年代以降、これに影響を受けた民法学者たちに、その手法は受け継がれていく。

しかし、その手法のうち、資料の参照の仕方には、問題がなかったわけではない。現在では、プロジェと呼ばれる旧民法の草案資料には、初版、第二版、新版の3種類が主要なものとして存在していることが広く認知されており、その日本語訳も複数存在していることが知られている。しかし、この時代の研究の多くは、その中の1種類のみを、その位置づけを考慮せずに参照している場合が多い。また、草案に対する理由書の他に、正文に対する理由書（エクスポゼ）も存在するが、正文の検討にあたって、草案の理由書のみが使われている場合もある。上記の星野の論文に対しても、この問題が指摘されている[5]。もっとも、この時代では、旧民法に関する資料の詳細が明らかではなかった。資料の正確な考察は、後述のボワソナード研究会による研究成果を待たなければならない。

このような状況にあって、池田真朗の手法には、顕著な差異を見出すことができる。池田の研究は、3種のプロジェ全てと各種日本語訳、

---

(4)　池田真朗＝七戸克彦「『再閲修正民法草案註釈』について」ボワソナード民法典研究会編『再閲修正民法草案註釈（ボワソナード民法典資料集成　後期 I - II）』（雄松堂出版、2000）vii 頁以下、特に xxv 頁参照。

(5)　池田真朗『債権譲渡の研究』（弘文堂、増補二版、2004）48頁の脚注(1)。

第1節　民法立法沿革研究と資料の問題点

エクスポゼとその日本語訳である『民法理由書』といった、各種の資料を使用している。また、それら資料の歴史的な位置づけに関しても考察をおこなっている。

研究手法として、立法沿革的視点が取り入れられる一方で、昭和50年代後半から、さまざまな立法資料や貴重書が盛んに復刻され始めた。これにより、閲覧が困難な資料や、従来はその存在さえよく知られていなかったような資料にも、容易にアクセスし、研究の資源として利用できるようになってきている[6]。その中で主要な資料を挙げると、法務大臣官房司法法制調査部監修『日本近代立法資料叢書1～16』（商事法務研究会、1983-1989）、広中俊雄編著『民法修正案（前三編）の理由書』（有斐閣、1987）、ボワソナード民法典研究会編『ボワソナード民法典資料集成』（雄松堂出版、1998-2006）であろう。

立法資料の復刻・解明はかなり進んできているが、その一方で立法資料を研究に幅広く活用できる環境は、まだ十分に整備されてはいない。立法資料は膨大かつ複雑であり、研究をする際にすべての資料をもれなく参照することは、現状では難しい。また、資料を参照する際は、資料相互の関係を的確に把握しながら参照する必要があるが、相互の関係が複雑でわかりにくい。そのため、研究対象の条文・制度に関して、立法の各段階での草案や議論を探し当てることは、容易ではない。

例えば、公序良俗について規定した基本的な条文である民法90条についての起草過程を調べようと考えたとする。まず、起草過程を調べる前提として、起草の流れについて、少なくとも概略的な知識を持っていなければならない。明治22年に始まるいわゆる法典論争を

---

[6] ボワソナード民法典資料集成シリーズは、典型例だと言える。旧民法関係の資料については、かつては、フランス語のプロジェと再閲修正民法草案註釈ぐらいしか、利用できる資料がなかった（池田＝七戸・前掲注(4)xxxi頁）。解題付きの同シリーズにより、研究の資源として広く利用できるようになった。

序章　はじめに

経て，旧民法は施行延期が決定された。この施行延期は，旧民法を廃止するものではなく，修正のための延期であり，旧民法を土台として新たな民法編纂が行われることになった。これを受け，政府は，民法を起草するための法典調査会を設置し，穂積陳重，富井政章，梅謙次郎の3人を起草委員とした。起草作業は，まず起草委員が原案を作成し，それを主査会で議論した後，総会で議論し（途中でこの二段階方式は改められる），議決された案は，整理会で他の法律との表現の整合性が取られた。このように法典調査会で作られた草案は，第9回帝国議会にかけられ，そこで若干の修正が行われた後，公布された[7]。このような起草過程を前提とすると，法典調査会主査会に提出された起草委員の草案を確認し，実際の議論を法典調査会主査会議事速記録，法典調査会総会議事速記録，そして，法典調査会整理会議事速記録を参照して確認しなければならない。さらに，第9回帝国議会に関する衆議院と貴族院の議事録も見る必要がある。

　これらの資料は，それぞれ別の資料であり，各資料の記述が相互にどのように関連しているかという参照関係がわかるようにはなっていない。また，その資料の中から該当箇所を探しださなければならないが，探索の手がかりである条文番号[8]は，多くの人に馴染みのある公布された現行民法の条文番号とは異なることも多く，各審議段階での条文番号を特定していく必要がある。90条に関して言うと，主査会における原案の条文番号は95条であるし，総会での該当する条文番号は97条である。

　しかも，審議の進め方は，必ずしも条文番号順に行われるわけでは

---

(7)　以上の経緯については，広中俊雄「日本民法典編纂史とその資料──旧民法公布以後についての概観」民法研究1巻1号（1996年）137頁以下で詳細に説明されている。

(8)　正式には「条名」であるが，本書では，直感的にわかる「条文番号」という表現を用いる。

第1節　民法立法沿革研究と資料の問題点

なく，議論の対象となる条文が前後したり飛んでいたりすることも多い。例えば，法典調査会民法議事速記録の第62回を見ると，443条から審議を開始し448条まで来て，その後431条と435条についての審議をしている。さらに次の第63回の審議は，481条から開始される。このような状況の中，該当条文に関する情報が資料の他の箇所に収録されている可能性を意識し，見落としがないよう注意しながら研究を進めなければならない。

　ここまで述べてきたことは，法典調査会を中心とする現行民法の直接の起草過程についてだけである。しかし，現行民法は，前述した通り，旧民法の修正であり，その影響を大きく受けている。さらに，旧民法の制定過程においては，ボワソナードが作成した草案が大きく影響している。このことを考えれば，本来であれば，ボワソナード草案まで遡ることが必要であり，そうすることでより多くの研究成果が期待できる。しかし，ボワソナード草案に関する資料まで遡ろうとすれば，資料はさらに膨大かつ複雑になる。なぜなら，ボワソナードの草案（プロジェ）や旧民法の理由書（エクスポゼ）は，原典はフランス語で書かれ，それが日本語に翻訳されている。その両方を見る必要があり，対応関係を追うだけでも，大変な労力が必要となるからである。これに加えて，家族法分野については，異なる起草過程であり，全く別個の立法資料を参照することが要求される。

　多くの資料の関係を把握し，相互に参照しながら見落としなく研究を進めていくことは，高度な知識が必要とされる上，手間と時間もかかる。民法を網羅的・横断的に検証するような研究がほとんどされてこなかったのは，研究の困難さの一つの表れであるように思われる[9]。

---

(9)　数は少ないが，横断的な研究がないわけではない。例えば，それまでは個々の条文ごとに検討されていた「対抗」という用語に注目して，横断的に検討したものとして，加賀山茂「対抗不能の一般理論について」判タ618号（1986）6～22頁がある。

序章　はじめに

　また，このような資料状況は，研究を困難にするだけではなく，研究の質にも影響を与える。立法沿革に関する複雑な研究作業では，研究者それぞれで，使う資料，資料の用い方，資料利用の緻密さがまちまちであり，共通項がわずかである[10]。法情報の探索・収集・把握については，研究者が個別にアドホックに行っているのが現状であり，見落としや誤解の危険も大きい。

第2節　本書の構成

　筆者は，現在の資料状況を改善するため，立法沿革研究のための新たな基盤の構築を進めている。本書では，この研究基盤を明治民法情報基盤[11]と呼ぶ。明治民法情報基盤は，明治の民法の立法沿革研究に必要な基礎的な資料を組織化して提供する仕組みである。組織化するということは，情報を集積し，それを適切に配列し，インデックスをつけて，相互参照が可能な状態にすることである。明治民法情報基盤が構築されることにより，研究に必要な情報を迅速に取り出し，的確に把握することができるようになると考えられる。

　立法沿革を概観するという基礎的な調査について，基盤を構築し，それによって一定のレベルで迅速かつ的確に研究を行うことができるようになれば，従来のように自らが専門とする限られた範囲だけではなく，より広い範囲について起草過程を理解，研究することができるようになる。さらに，この仕組みが民法全体に網羅的に提供されることで，これまでは詳細な研究の対象とならなかった条文についても，起草過程の研究がなされることが期待できる。また，議事録や旧民法

---

(10)　池田＝七戸・前掲注(4)vii頁以下は，再閲修正民法草案註釈の引用状況を検討したものであるが，これを見ても，利用状況にかなりの幅があることがわかる。

(11)　明治民法情報基盤は，http://www.law.nagoya-u.ac.jp/jalii/meiji/civil/ から利用できる。

第 2 節　本書の構成

に迅速にたどりつけることで，相互に資料を参照しやすくなり，それにより，条文・制度や各資料をより的確に把握できるようになる。これにより，さらに深い民法の理解を実現することが期待できる。

　本書の目的は，第一に，民法の立法沿革研究で用いられる基本資料を整理・検討し，それに基づいた明治民法情報基盤の構築状況を示すことである。第二に，明治民法情報基盤を用いて，現行民法と旧民法の異同やその変遷を描くことで，立法沿革研究の新たな可能性を示すことである。

　本書は，メインとなる三つの章と序章（本章）および結章で構成されている。第 1 章では，明治民法情報基盤の構築の前提として，立法沿革研究に必要となる基本的な資料の整理と検討をおこなう。資料を理解するためには，その資料が立法過程の中でどのように位置づけられるのかを理解する必要がある。そこで，まず，資料を整理するための前提として，立法過程の概要を示す（第 1 節）。資料の整理と検討は，基本的には，旧民法（第 3 節）と明治民法（第 4 節）に分けておこなう。なお，立法資料として非常に重要な，日本学術振興会による復刻資料については，この資料自体の特殊な性格に関して別個に検討することにした（第 2 節）。

　明治民法情報基盤で扱う資料は，復刻によって多くの図書館に所蔵されているか，Web 上で公開されている資料であり，どの研究者でも容易に利用できる資料であることを一つの基準としている。本書の第 1 章でも，この点を念頭にして資料を紹介している。ただし，法典調査会の基本資料の一部については，復刻や Web 上での公開がされていない私文書を用いなければ完全なものを得ることができないため，基準から外れる資料であっても，必要な範囲で言及している。

　第 2 章は，明治民法情報基盤の構築について示す。まず，既存の資料集の分析を通じて，民法研究において，資料に必要とされる機能を明らかにする（第 1 節）。次に，既存の資料の分析から得られた結果

序章　はじめに

に基づいて，明治民法情報基盤の構築コンセプトを示す（第2節）。その上で，明治民法情報基盤について，具体的な内容を示す。明治民法情報基盤は，原資料情報へのアクセスのための「民法史料集」と，研究上の必要性に基づいて加工した「分析ツール」に大きく分けられるので，それに従って説明をおこなう（第3節，第4節）。

　第3章では，現行民法と旧民法の異同やその変遷を描くことができることを示すために，実際に民法の制度・条文を取り上げ，その立法沿革を明らかにする。本書では，明治民法情報基盤の有用性を実証するための題材として，不動産質と用益物権という二つの物権に関する制度を取り上げている。物権法の分野は，国ごとに独自性が強い。わが国の物権法も，独自性が強く現れており，パンデクテン方式として編別方式をならったドイツ法とも異なるし，フランス法とも異なる。そもそも，ヨーロッパと比べると，土地と建物を別個の不動産と考えている点で，かなり大きな差があると言える。このような物権法分野における独自性を考慮すれば，物権を理解する上で，旧民法を調査し，新旧民法における立法沿革を参照することは，有益だと思われる。もちろん，明治民法情報基盤が機能する場面は，物権に限られるわけではないが，上記の理由から，さしあたって，物権の中から題材を選ぶことにした。

　結章では，明治民法情報基盤のコンセプトと有用性についてまとめるとともに，今後の課題として，さらに整備が必要だと考えられる事項を示す。

第1章　民法立法史と立法沿革研究資料

　本章の目的は，明治期の民法の立法沿革研究で用いられる基本的な資料として，どのような資料が存在しているか，そして，それぞれが立法過程でどのように位置づけられるかを示すことである。基本的な資料として，起草の各段階での条文案，条文案の審議に関する議事録，起草および立法の趣旨を説明する理由書，を主に扱う。このように示すと，資料は非常に単純な状態で存在しているように思われる。しかし，立法過程は入り組んでいるため，これらの資料の位置づけを適切に理解することは，それほど容易なことではない。また，同一の過程に属すると考えられる，複数の異なる資料が存在していることも，資料の位置づけの理解を困難にしている。

　立法沿革の基本資料を適切に位置づけて理解するためには，前提として，立法過程を理解する必要がある。そこで，本章では，まず第1節で，立法資料を理解するために必要な範囲で，明治期の日本の民法立法過程を示す。大きく旧民法の時期と明治民法の時期に分けることができるため，本章も明治民法情報基盤も，それぞれに分けて扱っている。

第1節　立法過程の概要

(1) 旧 民 法 期

　旧民法は，財産編・財産取得編・債権担保編・証拠編・人事編の5編から成る。このうち，財産編・財産取得編の第1～12章・債権担保編・証拠編のいわゆる財産関係の部分と，財産取得編の第13～15章・人事編のいわゆる家族関係の部分とで，立法過程が全く異なる。そのため，財産関係部分と家族関係部分とで分けて，立法過程を示す。

第 1 章　民法立法史と立法沿革研究資料

(i)　財産法関係部分

　財産関係部分は，簡単に言えば，フランス人法学者のボワソナード(12)がフランス語で起草し，その翻訳を原案として審議し作られた。このことから，財産関係部分のみを指して，「ボワソナード民法典」と呼ばれることもある。

　起草作業は，明治 9(1875)年に司法省で開始された(13)。ボワソナードが民法の起草作業に参加したのは，明治 12(1879)年だと考えられる(14)。翌年の明治 13(1880)年には，民法編纂局に移され起草作業が続けられた。ボワソナードも民法編纂局で雇用され，翻訳者もそこに所属していた。民法編纂局は，旧民法の編纂を完了しないまま，政府組織の変更に伴い，明治 19(1886)年 3 月に閉局した。その後，明治 19(1886)年 10 月から法律取調委員会で，旧民法の起草が開始された。

　この民法編纂局と法律取調委員会の 2 つの起草過程は，単純な前後関係にあるわけではない。民法編纂局の成案（民法編纂局上申案）は，民法編纂局が閉局し，法律取調委員会設置された後も，法律として公布されるための手続きが進められていた。その一方で，法律取調委員会では，民法編纂局で成案となった部分も含め，新たに最初から審議が開始されている。すなわち，民法編纂局と法律取調委員会は，それぞれ別個の起草過程であり，並行的に手続きが進められている時期がある。

　民法編纂局と法律取調委員会では，作成された草案の特徴も異なっ

---

(12)　Gustave Émile Boissonade（ギュスターヴ・エミール・ボワソナード）。詳細については，大久保泰甫「ボワソナアド――日本近代法の父」（岩波書店，1977）を参照。
(13)　大久保泰甫＝高橋良彰「ボワソナード民法典の編纂」（雄松堂，1999）20 頁。明治 9 年から始まる起草作業は，「明治 11 年草案」として結実する。しかし，明治 11 年草案をボワソナードがどのように扱ったのかは不明である。
(14)　大久保＝高橋・前掲注(13)23 頁以下。

第 1 節　立法過程の概要

ている。どちらも，ボワソナードが起草したフランス語草案の翻訳が基礎になっているという点で違いはないが，民法編纂局の草案は，ボワソナード草案の逐条翻訳であるという事ができる。すなわち，ボワソナードの草案を変更することなく忠実に作られている。これに対して，法律取調委員会では，ボワソナード草案の修正・削除，特に削除が多くおこなわれている。もっとも，ボワソナード草案から逸脱するものではなく，「枠内手直し」であった[15]。

　民法編纂局でどのような審議がされたかについて，議事録等の資料が残っていないので，具体的なことは明らかではない。完成した民法編纂局上申案は，財産編と財産取得編の部分のみであり，債権担保編および証拠編は含まれていない。民法編纂局上申案は，内閣に上申され，元老院に下付されたものの内閣に返上され，その後再下付されたが結局は返上された。なお，帝国議会がまだ設置されていなかった当時の法律の公布までの手続きを図 1-1 に示す。

　法律取調委員会については，議事録が残されている。議事録を読む上で，組織構成や審議の進め方を知っておくことは有用であろう。法律取調委員会の構成員は，法律取調委員と報告委員の 2 種類であった[16]。報告委員の役割は，委員会に列席して，法案の報告説明をおこなうことであった。委員会での議決は，取調委員がおこない，報告委員は，議決に加わることができなかった[17]。

　法律取調委員会での審議は，調査案審議，再調査案審議，元老院の修正意見に基づく審議，の三つに分けることができる。それぞれ審議の性質が異なるため，審議の進め方については，それぞれ分けて考えるべきである。

---

(15)　大久保 = 高橋・前掲注(13) 9 頁。
(16)　詳細については，大久保 = 高橋・前掲注(13) 156 頁以下。
(17)　大久保 = 高橋・前掲注(13) 153 頁。

第 1 章　民法立法史と立法沿革研究資料

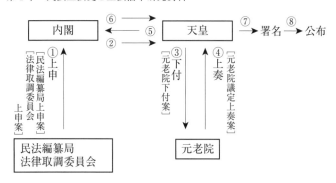

※内閣では，内閣法制局で法案の審査をするが，旧民法では省略されたため，①と③の内容は同じと考えてかまわない。

※上図⑥の後，枢密院へ諮詢される場合があり，旧民法財産関係部分は，諮詢されている。

図 1-1　法律公布までの手続き

　調査案審議では，ボワソナード草案の翻訳（審議では，単に「原案」と呼ばれる）と，報告委員が検討した修正案が提示され，原則として，そのどちらかを採用するという形式であった[18]。ここで提出されたボワソナード草案の翻訳は，民法編纂局上申案と異なっており，翻訳を再度し直したものである。法律取調委員会に提出された翻訳は，審議開始当初は直訳調であったが，直訳をやめるように要請され，途中からは自然な日本語の翻訳が，原案として提出されるようになった[19]。

---

(18)　大久保＝高橋・前掲注(13)172 頁。
(19)　大久保＝高橋・前掲注(13)173 頁。

第 1 節　立法過程の概要

調査案審議は，明治20(1887)年12月[20]から翌年9月まで，全84回開催された。民法編纂局で検討し終えていた財産編と財産取得編についても，審議を一から繰り返し，財産編から債権担保編の途中までを審議した。

再調査案審議では，修正案は提出されず，報告委員は，その都度修正意見を述べた。取調委員もまた，修正意見を述べ，これらに基づいて修正がなされるという形式であった[21]。なお，再調査案審議は，調査案審議と平行しておこなわれている時期がある。すなわち，再調査案審議は，明治21(1888)年7月から12月までおこなわれており，一部に時期的な重なりがある。再調査案審議は，最終の回数を見ると44回となっているが，途中，「第七回之甲」・「第七回之乙」，「第九回ノ一」・「第九回ノ二」，「第十一回ノ甲」・「第十一回」という重複回があるため，これを別々に数えると，全47回開催されたことになる。

このようにして作られた法律取調委員会上申案は，明治21(1888)年12月28日に，内閣に提出された。内閣では，内閣法制局で法案の審査をするのが通常の手続きであるが，旧民法ではこれが省略され，明治22(1889)年1月24日に，そのまま元老院に下付された[22]。

元老院本会議は，明治22(1889)年3月7日と7月29日に開かれた。3月7日の会議では，民法審査委員が選出され，実質的な審議は，民法審査委員会でおこなわれた。民法審査委員会では，逐条審議をおこなったものと思われるが，これに関する資料が残っていないため，詳細は不明である。

この審議の結果，元老院から修正意見が出されたため，法律取調委員会は，その内容に基づいて修正案を作成することとなった。その際の

---

[20]　第1回の日付は，原資料では不明であるため，3日か4日かで争いがある。大久保＝高橋・前掲注(13)170〜171頁。
[21]　大久保＝高橋・前掲注(13)172頁。
[22]　大久保＝高橋・前掲注(13)197頁。

審議が，3度目の法律取調委員会での審議である。ここでの審議については，議事録の要約が部分的に残っているのみであり，詳細なことはわかっていない。法律取調委員会は，作成した修正案を再度内閣に上申した。

法律取調委員会の再上申案は，元老院に再下付され，7月29日の元老院本会議の決議を経て，明治22(1889)年7月30日に上奏されるに至った(23)。その後，明治23(1890)年1月28日に枢密院に諮詢され，枢密院での決議を経て，天皇の裁可を受けた。こうして，明治23(1890)年4月22日に民法財産編・財産取得編・債権担保編・証拠編が公布された。

(ii) 家族法関係部分

家族関係部分については，ボワソナードの関与はなく，日本人のみよって起草されたとされている。法律取調委員会において起草が開始され，明治21(1888)年10月頃に民法草案人事編と民法草案獲得編第二部が完成した。この草案は，第1草案とも呼ばれる。この草案は，大臣，裁判所，検事，知事といった関係機関の意見を聞くために送付された。

法律取調委員会は，提出された意見書を参考にしながら，草案を審議した。そして，明治22(1889)年末か翌年1月ころに，民法草案人事編再調査案が完成した。民法草案獲得編第二部の再調査案も，同様に完成したものと考えられるが，これに関する資料は発見されていない。

再調査案は，さらに修正され，明治23(1890)年4月1日に人事編が，4月21日に財産取得編（続）が内閣に上申された。上申案は，同年5月20日に元老院に下付された。元老院は，これにかなりの修正を加えている。下付案の段階では，人事編412ヶ条・取得編（続）295ヶ

---

(23) ここで注意すべき点は，元老院自体は，法律取調委員会上申案を修正しておらず，可決しているのみだということであろう。手塚豊『明治民法史の研究(上)』（慶應通信，1990年）283頁以下に，詳細に解説されている。

条あったが，元老院議定上奏案では，人事編283ヶ条・取得編（続）143ヶ条となっている。元老院議定上奏案は，同年9月26日に上奏された。

元老院議定上奏案は，内閣で再度修正された。その後，枢密院への諮詢が予定されていたはずであるが，諮詢されたことを示す資料はなく，省略された可能性がある(24)。そして，天皇の裁可を受け，明治23(1890)年10月7日に民法財産取得編（続）・人事編が公布された。

(2) 明治民法期

旧民法は，いわゆる法典論争を経て，明治25(1892)年第3回帝国議会において，施行延期が決定された。この施行延期は，旧民法を廃止するものではなく，修正のための延期であり，旧民法を土台として新たな民法編纂が行われることになった。このことは，旧民法が現行民法に大きな影響を与えていることを意味する。

これを受け，政府は，翌年に法典調査会規則（明治26(1893)年3月25日勅令11号)(25)を定め，民法を起草するための法典調査会を設置した。同5条(26)により，法典調査会の議事等に関する規則は，内閣総理大臣が定めることとされた。これに基づいて法典調査規程（明治26

---

(24) 枢密院の諮詢を経たとするのが従来からの一般的な見解であろう（石井良助編『明治文化資料叢書 第三巻法律篇下』(風間書房，1960) 5頁)。これに対して，枢密院の諮詢を経なかった可能性を指摘する見解もある（高橋良彰「旧民法典中ボアソナード起草部分以外（法例・人事編・取得編後半）の編纂過程」山形大学歴史・地理・人類学論集8巻 (2007) 82頁)。

(25) 法典調査会規則は，明治26 (1893) 年7月6日勅令65号，明治27 (1894) 年3月26日勅令30号，明治31 (1898) 年8月2日勅令182号，明治32 (1899) 年3月10日勅令48号により改正され，明治36 (1903) 年3月20日に廃止される。

(26) 法典調査会規則5条「法典調査会ノ議事及会務整理ニ関スル規則ハ内閣総理大臣之ヲ定ム」。

第1章 民法立法史と立法沿革研究資料

(1893)年4月27日内閣送11号)が定められた。法典調査規程は，法典調査会の組織や議事運営方法などに関する規定であり，起草委員3名を置くこととされた[27]。この3名の起草委員が，穂積陳重，富井政章，梅謙次郎の3人である。

図1-2　明治民法の起草の流れ

図1-2は，起草の流れを，大まかに示したものである。当初の手順は，まず，起草委員が原案を作成し，それを主査委員からなる主査会で審議し，そこで議決を経た議案を全体会議である総会でまた審議するという[28]，2段階方式を取っていた[29]。しかし，この手順が煩雑であるということで，明治27(1894)年3月26日勅令第30号により，この2段階方式は廃止され，会議を一本化して，法典調査会として審議をおこなうことになった。

また，これらの審議を経た後，整理委員による整理会の審議に付されることになる。整理会の趣旨は，他の法令と表現を調整することで

---

(27) 法典調査規則2条「主査委員中ニ起草委員三名ヲ置キ専ラ修正案ノ起草ニ任セシム但必要アルトキハ協議委員ヲ置キ立案ノ協議ニ与カラシム」。
(28) 「主査会」「総会」という名称については，法典調査規程（明治26年内閣送第3号）6条「法典調査委員会ヲ主査委員会及委員総会ノ二種トス」とあり，それぞれ，「主査委員会」「委員総会」が正式な名称である。本書では議事速記録の資料名を基に，単に「主査会」「総会」としている。名称については，広中俊雄編著『日本民法典資料集成1 民法典編纂の新方針』（信山社，2005）583頁も参照されたい。
(29) 法典調査規程12条「法典修正草案ノ議決ハ主査委員会ノ議決ヲ以テ予定議決トシ総会ノ議決ヲ以テ確定議決トス」。

ある⁽³⁰⁾。起草委員が整理案を作成し，それを基に整理委員が審議をするという手順で進められた。整理会は，大きく3度おこなわれた。1度目は，物権編まで議了した段階で，総則編と物権編を対象としておこなわれた。2度目は，第9回帝国議会へ総則編・物権編・債権編の法律案を提出するために，親族編の審議を中断して，その3編を対象としておこなわれた。そのため，総則編・物権編については，整理会を2度経ていることになる。3度目は，親族編・相続編を対象におこなわれた。

前3編については，2回目の整理会の議了をもって，最終案が確定したわけではないことには，注意が必要である。整理会において，再考するという形で作業を残した部分があり，翌年の提出期限まで起草委員による整理作業は継続している⁽³¹⁾。

法典調査会で作成された草案は，「民法中修正案」として，第9回帝国議会に提出された。第9回帝国議会に提出された民法中修正案の内容は，先ほど述べた通り，総則編・物権編・債権編の前3編である。民法中修正案は，まず，衆議院の審議にかけられた。衆議院は，民法中修正案の内容の点検のために，27人の民法中修正案審査特別委員を指名し，衆議院民法中修正案委員会を組織した。委員会は全12回から成り，いくつかの修正を加えている。この委員会での結論は，本会議で報告された。当時の議会は，読会制を採用しており⁽³²⁾，議会が立法を行う場合には，読会と呼ばれる段階をおいて法案の審議と採

---

(30) 法典調査規程4条「整理委員ハ特ニ法典修正案各部ノ関係及法典修正案ト他ノ法律命令トノ関係ヲ審査ス」。
(31) 広中俊雄編著『第九回帝国議会の民法審議』（有斐閣，1986）46〜47頁。
(32) 議院法（明治22年法律第2号）27条「法律ノ議案ハ三読会ヲ経テ之ヲ議決スヘシ但シ政府ノ要求若ハ議員十人以上ノ要求ニ由リ議院ニ於テ出席議員三分ノ二以上ノ多数ヲ以テ可決シタルトキハ三読会ノ順序ヲ省略スルコトヲ得」。

決を行っていた。その中でも，第一読会から第三読会までの3回の段階を踏む三読会制を採用していた。衆議院民法中修正案委員会での結論は，修正なく3回の読会を終え，議案は貴族院に送られた。貴族院においても，民法中修正案審査特別委員からなる民法中修正案委員会が組織された。貴族院民法中修正案委員会では，2回の会議を開いただけで結論を出しており，修正はなく，その内容も貧しいものであった[33]。その後，修正なく3回の読会を終え，可決した。こうして第9回帝国議会を通過した法案は，裁可の手続きを受け，公布されることとなった。

親続編・相続編の後2編は，明治31(1898)年の第12回帝国議会に提出された[34]。ここでも，衆議院は民法中修正案審査特別委員会，貴族院では民法中修正案外一件特別委員会が組織され，そこで実質的な議論がされた。衆議院で1ヶ条が修正され，裁可の手続きを受け，公布されることとなった。

第2節　旧民法・明治民法の共通資料
（日本学術振興会立法関係復刻資料群）

立法沿革を調査する上で，最もよく利用されるのが，法務大臣官房司法法制調査部監修『日本近代立法資料叢書』（商事法務研究会）である。民法の研究者であれば誰もが一度は見たことがあるのではないだろうか。この資料は，日本学術振興会がタイプ印刷した立法関係資料（「学振版」と呼ばれる）を，さらに翻刻した資料（「学振版」に対して「商事法務版」と呼ばれる）である。

本節では，基となっている学振版について説明をするとともに，学振版および商事法務版の問題点を挙げる。この資料群は，旧民法・明

---

(33) 広中・前掲注(31)78頁。
(34) 当初は，明治30（1897）年12月の第11回帝国議会に提出される予定であったが，議会が解散したため，翌年に持ち越された。

第2節　旧民法・明治民法の共通資料

治民法の両方を含んでいる。そこで，本書の構成上，この資料群全体についての説明と問題点の指摘のため，1節を別に設けることにした。個別の資料については，第3節と第4節で適宜説明する。なお，本書では，日本学術振興会が復刻した立法関係の資料の総称として，「日本学術振興会立法関係復刻資料群」もしくは単に「学振復刻資料群」という表現を用いている。この場合，学振版や商事法務版といった具体的な資料ではなく，抽象的な意味で資料全体を指している。

(1) 学振版について

当時の財団法人日本学術振興会は，維新以降の日本の立法資料の蒐集を行うことを決定し，昭和9年から5年間かけて，司法省に所蔵されていた立法関係資料をタイプ印刷により謄写した。その成果が，いわゆる「学振版」と呼ばれる資料群である。学振版の原本となった資料は，司法省に1部しかないものもあり，大部分が昭和20年に戦災で焼失したため，謄写である学振版だけが現存する[35]。

この資料群は，刑法・商法・訴訟法・裁判所法など，日本の基本法令の成立過程を知るために，非常に重要な資料を含んでいる。民法分野においても，法律取調委員会や法典調査会の議事録，旧民法期と明治民法期における各種の原案・草案を始めとする重要な資料が収録され，研究に必要不可欠な資料となっている。

商事法務版のまえがきによると，学振版は，全288巻に及び8セット作成されている。全288巻について，すべてを一覧として巻末のAppendix1に掲げたので参照してほしい。現在の所蔵館は，以下のとおりであり，それぞれ1セットずつ保管されていると考えられていた。

・国立国会図書館支部法務図書館（司法省旧蔵本）

---

[35] いくつかの資料は，戦災を免れたものもある。また，『民法第一議案』など，複数作られたものに関しては，原本と同じ資料が残っている場合もある。

第1章　民法立法史と立法沿革研究資料

・東京大学
・京都大学
・東北大学
・九州大学
・慶應義塾大学
・早稲田大学
・一橋大学（日本学術振興会旧蔵本）

　しかし，昭和16年の学術振興会の報告書によれば，各巻10部ずつ作成したとされている[36]。さらに，法務大臣官房司法法制調査部季報によれば，10セットのうちの2セットは，セットとして完成されなかったものと推定されている[37]。このことを裏付けるように，学振版に関する最新の研究によれば，一橋大学には部分的に重複している巻の存在が確認されている[38]。一橋大学所蔵の本が，日本学術振興会旧蔵本であることを踏まえると，なんらかの理由により10部作成できなかった巻があり，そのためにセットにならなかったものは，作成した日本学術振興会が保管していたのではないかと推測できる。

　学振版は，非常に薄い紙にタイプ印刷されている。紙には，「日本学術振興会」の文字と，片面13行の罫線が，赤色で入っている。この紙に，カーボン紙を挟み込み，同時に8枚をタイプ印刷したとされ

---

(36)　日本学術振興会編『特別及ビ小委員会ニヨル綜合研究ノ概要　第7回16年度』(1939) 222頁。なお，この報告にある598冊というのは，原本の冊数であり，原本598冊をタイプ印刷・製本して，288巻を作成したということになる。
(37)　江藤真也「民法典を中心とした明治期における法典編さんの変遷と法務図書館所蔵「日本学術振興会版」資料」J＆R法務大臣官房司法法制調査部季報44号 (1982) 85頁。
(38)　科学研究費「学振版民法議事録の綜合的研究」(課題番号21530072) の研究成果報告書。

第2節　旧民法・明治民法の共通資料

ている[39]。しかし，その枚数については，疑いがある。まず，8セットに基づいて8枚とされているのだろうが，実際は10セット作成したと考えられるため，この記述には疑問が残る。さらに，法典調査会議事速記録部分については，8セットの間で異同があることが示されている[40]。この点でも，8枚を同時にタイプ印刷したという記述には疑問が残る。いずれにしても，作成方法については，わかっていない点が多く，今後の課題の一つであろう。

学振版を利用する上でもっとも問題となるのは，8セットの間で異同があることであろう[41]。このため，例えば，ある研究者が国立国会図書館支部法務図書館所蔵本から記載内容を引用し，他の研究者が東京大学所蔵本で確認しようとした場合，引用文の違いや丁数の違いに困惑する可能性があることは，すでに指摘されているところである。

(2) **商事法務版**

学振版を元にして，法務大臣官房司法法制調査部監修の下に商事法務研究会が復刻をおこなった資料が，いわゆる「商事法務版」と呼ばれる資料である。商事法務版の刊行は1983（昭和58）年から始まり全32巻が刊行されている。

学振版の所蔵は限られていたため，商事法務版が出版されるまでは，日本学術振興会立法関係復刻資料群の参照は容易ではなかった。多くの場合は，学振版のコピーを参照していた。学振版は，非常に薄い紙

---

(39) 堀内節「旧民法人事編第一草案の立案と審議過程」手塚豊教授退職記念論文集『明治法制史政治史の諸問題』(1977) 96頁。
(40) 広中俊雄「学振版議事録の異同」法律時報71巻7号 (1999) 110～111頁。広中は，10セット作成されたことへの疑問を呈しているが，10セット作成されたことと，同時に10枚タイプ印刷されたかどうかは，分けて考えるべきであろう。
(41) 詳細については，広中・前掲注(40)。

にタイプ印刷されているため，裏写りが激しい。ここから普通にコピーをとると，文字が潰れて読みにくくなり，判読が難しくなってしまう。名古屋大学所蔵のコピー本を見ても，文字が潰れて判読が難しい。このような資料しか使えなかった当時は，判読のためだけにかなりの時間を費やさなければならなかったようである。しかし，商事法務版の登場により状況は一変し，誰もが復刻された読みやすい文字で日本学術振興会立法関係復刻資料群を利用できるようになった。

それだけではなく，商事法務版には目次がついていることも，非常に大きな意味を持つ。学振版には目次がないため，法典調査会民法議事速記録の中から，該当の条文の議論を探し出すことは手間のかかる作業であった。この点商事法務版では，各条文へたどり着くための目次がつけられたことにより，その利便性は飛躍的に高まっている。商事法務版の登場は，研究基盤を革新したと言える。

しかし，商事法務版にも利用上の問題点が大きく2つある。第一に，資料の順序が時系列になっておらず，内容的関連性にもあまり配慮されていないため，わかりにくいという問題がある。例えば，商事法務版の第1巻は，法典調査会民法議事速記録であり，対象となる条文は原案第100条から始まる。時系列であれば，法典調査会主査会もしくは法典調査会総会の議事速記録が先に来るべきであるが，これが収められているのは12巻と13巻であり，かなり後ろの巻となっている。しかも，法典調査会民法議事速記録と総会および主査会の議事速記録との間には，旧民法に関する議事筆記が収められており，この点からも順序の問題はかなりひどいと言える。順序や内容的関連性の問題は，学振版から存在している問題であり，商事法務版固有の問題ではない。しかし，利用者の利便性を考えるのであれば，時系列順や内容的関係性に留意して復刻すべきであった[42]。

---

(42) 同様の指摘として，池田・前掲注(5)500頁。

第二に，商事法務版は，学振版と厳密には同一ではないという点も，利用上の注意が必要である。商事法務版は，写真による複製ではなく，組み版による複製をおこなっている。そのため，誤植が発生している。また，原資料にはなかった濁点及び半濁点が付されているという点や，誤字等が修正されているという点も，原資料との違いとして挙げられる。これらの処置は，利便性の向上に大きな意味を持つが，反面，資料の厳密性に問題を引き起こす危険性がある[43]。

第3節　旧民法期

(1)　プロジェ

　ボワソナードによるフランス語の草案資料は，「Projet de code civil pour l'Empire du Japon」というタイトルで，一般的に「プロジェ」と総称される。広く知られているのは，条文の起草理由を示した註釈付きの資料であり，タイトルに「accompagné d'un commentaire」が付されている。一般的に用いられるのは活版本であるが，手稿 (manuscrit) の資料も残っている。

　ボワソナードは，自身が一度起草した草案を，その後に何度も修正しているため，版の異なる何種類かの資料が存在している。活版本では，初版（全3巻），第二版（全5巻），新版（全4巻）の3種が主要な資料として扱われている。プロジェ第二版については，宗文館書店から写真コピーによる復刻版が刊行されている[44]。それ以外のプロジェと後述の和文資料は，『ボワソナード民法典資料集成』で写真コピーによる復刻がなされている。

　この3種への分類は，『ボワソナード民法典資料集成』でも使われ

---

(43)　広中・前掲注(7)162〜163頁参照。
(44)　『Projet de code civil pour l'empire du Japon : accompagné d'un commentaire（ボワソナード文献双書 第1〜5巻)』（宗文館書店，1983）。

第1章　民法立法史と立法沿革研究資料

ており[45]，一般的な分類方法だと思われる。しかし，初版で扱われているのは財産編だけであるため，財産編以外については，正確には第二版とは言えない。実際，第二版を見ると，財産編の1・2巻には，「DEUXIÈME ÉDITION」の表記があるが，財産編以外の3～5巻にこの表記はない。この点で，第二版という表現は適切ではないが，本書では総称として「第二版」という表現を用いている。

初版，第二版，新版は，それぞれ複数の巻から成っているが，巻の番号と収録されている内容が，版によって異なっている。すなわち，特定の条文の変遷を見ていこうとする時に，版に応じて異なる巻を見なければならないことになる。それぞれの版の巻数とその内容の対応関係を整理したものが，表1-1である。

表1-1　プロジェ各版とその内容の対応関係

	初　版	第二版	新　版
財　産　編	1巻(1~120条) 2巻(121~313条)	1巻(1~313条)	1巻(1~313条)
	3巻(314~600条)	2巻(314~600条)	2巻(314~600条)
財産取得編		3巻(601~1000条)	3巻(601~1000条)
債権担保編		4巻(1001~1313条)	4巻(1001~1501条)
証　拠　編		5巻(1314~1501条)	

初版，第二版，新版は，それぞれ起稿・出版された時期を念頭に置いて読み解くことが必要となる。初版の1～3巻と，第二版の1～2巻は，法典編纂局時代に印刷されている。第二版の2巻と3巻の間には，印刷年で5年間の隔たりがある[46]。その間に，法律取調委員会が設

---

(45)　『ボワソナード民法典資料集成』の各資料に掲載されている「序文」を参照。

(46)　第二版は，宗文館から比較的早くに復刻版が出版され，巻数も通しになっ

第3節 旧民法期

置されているため,第二版の3巻は,法律取調委員会設置後に印刷されている。もっとも,第二版3巻の起稿の年代は不明であり,第二版3巻の内容である財産取得編は,法典編纂局上申案に含まれていることから,第二版3巻を時系列上どこに位置づけるべきか,検討が必要である。第二版4巻と5巻は,法律取調委員会設置後に起稿・印刷されている。また,プロジェ新版は,起稿の年代は不明であるが,旧民法の公布後に印刷がなされている。そのため,新版と旧民法の間にどれくらいの関連性があるかについても,検討が必要である。

また,ボワソナードが常に草案の改定を継続していたことにも留意が必要である。常に草案の改定を継続していたことの表れとして,プロジェ各巻の巻末に付されている正誤表の存在が挙げられる。正誤表は,誤植や遺漏を補うのが通常であるが,プロジェの正誤表は,内容自体を改定している場合が多い。これは,本文の組版が終了した後から出版までの間でも,改定が継続されていたことを示している。言い換えれば,1つの版の中に,正誤を織り込まない版と織り込んだ版の2つの版が存在しているとも言える[47]。また,初版・第二版・新版の

ていることから,従来から一括して扱われてきた。しかし,1・2巻と3〜5巻では,単に5年間の隔たりがあるのみならず,体裁上の違いがある。大きな違いは,1・2巻ともにあった「AVERTISSEMENT」(序文)が3〜5巻にないことである。また,表1-2で示す通り,和訳本の対応関係も異なる。加えて,3巻以外の印刷が「KOKUBUNSHA」によるものであるのに対して,3巻のみ「KÔGNIÔDÔ」による印刷である。このような違いを踏まえると,第二版を一括して扱ってよいかは,さらなる検証が必要であろう。

(47) 大久保泰甫＝村上一博「法律取調委員会(外務省・司法省)時代の仏文及び英文草案」ボワソナード民法典研究会編『Projet de code civil : pour l'Empire du Japon : 1889, art. 1-1501(ボワソナード民法典資料集成Ⅱ後期Ⅰ)』(雄松堂出版,2003)で,同資料(「プロジェ22年本」と呼称している)と第二版の比較がなされている。その例として第1条が挙げられており,「ou de créaance」が追加されたことを示している(同21〜22頁)。しかし,巻末の正誤に着目すれば,この文言が最初に追加されたのは,プロジェ第二版第

第1章　民法立法史と立法沿革研究資料

3種以外にも，手稿をはじめ多くの異本が存在していることも，改定継続の表れであろう。

　ボワソナードが起稿したプロジェには，和訳が作成されている[48]。ボワソナード民法典研究会が復刻をおこなった『ボワソナード民法典資料集成』を基に主要なものを挙げると，『註釈民法草案 財産編』，『再閲民法草案 財産編』，『民法草案 財産取得編』，『再閲修正民法草案註釈』がある[49]。ただし，和訳といっても，活版本のプロジェのそれぞれの版に，完全に対応しているわけではない。ボワソナードは，草案を何度も手書きで修正しており，そのうちのいずれかの時点のものを翻訳したためだと考えられる。プロジェ各版に対する和訳として利用すると，正確性を欠くことになりかねないので，注意を要する。このことは，プロジェの和訳の利用を避けることにもつながったようである[50]。

　プロジェの和訳として利用することには問題があるにしても，当時の日本の立法関係者や法律家が，必ずしも仏文プロジェを見ていたわけではなく，和文プロジェの方を参照していたことを考えると，和訳資料自体の価値が損なわれるわけではない。すなわち，原文である仏文プロジェの方ではなく，和文プロジェの方に書いてある事の方が，

　3巻の正誤においてである（『Projet de code civil pour l'empire du Japon : accompagné d'un commentaire - 2 ed. （ボワソナード文献双書 第3巻）』（宗文館書店，1983）1096頁）。

(48)　カークウッド（William Montague Hammett Kirkwood）による草案の英訳も存在する。この英訳は，プロジェ22年本の英訳であると推測されている（大久保＝村上・前掲注(47)32頁）。ボワソナード民法典研究会編『Draft civil code（ボワソナード民法典資料集成 後期1）』（雄松堂出版，2003年）で復刻されている。

(49)　和文プロジェの資料名は，いずれも「ボワソナード氏起稿」と付いているが，本書本文中ではこれを省略する。

(50)　池田＝七戸・前掲注(4)xxxi頁以下。

たとえ誤訳であったとしても、重要な場合がある。プロジェ原文・和文両方の資料の位置づけを踏まえた上で、目的に応じて適切に用いることこそが重要である。

　和文プロジェとして利用する場合でも、元のプロジェと付きあわせて見ることは必要となってくる。プロジェと和訳が完全には一致しないことには十分な注意を払わなければならないが、ある程度の対応関係を見出すことは可能である。これをまとめると、表1-2の通りである。この対応関係も、単純ではない。特に注意が必要なのは、『再閲修正民法草案註釈』で、これがすべて第二版に対応するものではなく、1～2巻の財産編とそれ以外で、対応関係が異なっている[51]。また、プロジェ新版には、和訳がないという特徴がある。

表1-2　仏文プロジェと和文プロジェの対応表

プロジェ初版	『註釈民法草案 財産編』
プロジェ第二版1～2巻	『再閲民法草案 財産編』
	『民法草案 財産取得編』
	『再閲修正民法草案註釈』（財産編部分）
プロジェ第二版3～5巻	『再閲修正民法草案註釈』（財産編以外）
プロジェ新版	

なお、仏文プロジェと和文プロジェでは、条文番号が500ヶ条ずれ

---

(51)　村上一博「プロジェ財産取得編（特定名義の取得法）の翻訳書について」ボワソナード民法典研究会編『ボアソナード氏起稿民法草案財産取得編（ボワソナード民法典資料集成　前期Ⅰ）』（雄松堂出版、2000）vii頁は、この和文プロジェが、プロジェ第二版3巻を翻訳したものではなく、これより以前の仏文草案の翻訳であるとしている。また、同xii頁において、プロジェ第二版3巻を翻訳したものは、基本的には、『再閲修正民法草案註釈』にあたるとしている。

ている。これは，和文プロジェで，人事編として500ヶ条分が予め取り置かれ，財産編が501条から始まるためである。

(2) **民法編纂局**

民法編纂局での審議については，残されている資料はほとんどない。『公文類聚』[52]に，民法編纂局上申案が収められているが，議事録の類は残されていない。そのため，具体的な進め方や，検討内容を知ることはできない。

民法編纂局上申案の起草趣旨を推測するには，同時期のプロジェを見ることになろう。民法編纂局上申案は，1886年に上申されているので，仏文プロジェについては，1882年から1889年に渡って作られたプロジェ第二版が近い。民法編纂局上申案の内容は，財産編と財産取得編なので，第二版では，1巻から3巻が該当する。1巻は1882年，2巻は1883年に印刷されているから，これと同等かその後の修正を加えたものであろう。3巻は，1888年に印刷されているが，ボワソナードが実際に執筆していた時期は不明であるため，両者の内容の前後関係は，資料情報からだけでは，判然としない[53]。しかし，いずれにしても，財産取得編については，プロジェ第二版が初出であるから，これに頼らざるを得ないことは事実である。なお，3巻の巻末には，1巻と2巻に対する修正が掲載されている。民法編纂局上申案と3巻の前後関係が不明であるため，この修正を反映させるべきかどうかもまた，判然としない。

和文プロジェも，何を参照すべきか難しいところである。資料の順序としては，『再閲民法草案 財産編』・『民法草案 財産取得編』→ 民

---

(52) 『公文類聚』とは，主に法律や規則に関する行政文書（原議書）が収録されている公文書集であり，国立公文書館に保存されている。
(53) 大久保＝高橋・前掲注(13)50頁でも，第3巻を民法編纂局時代のプロジェとして位置づけることはできないかもしれないとする。

第3節　旧民法期

法編纂局上申案 → 『再閱修正民法草案註釈』であると考えられる。ただし，財産取得編の末尾部分は，『民法草案 財産取得編』よりも民法編纂局上申案の方がわずかに先か，ほぼ同時期であると考えられる[54]。すなわち，財産取得編については，どの部分かによって，民法編纂局上申案との記述の近さが異なっているわけである。その他の部分についても，民法編纂局上申案は，前後のいずれとも完全に一致するわけではない。

　結局は，仏文プロジェも和文プロジェも，民法編纂局上申案と条文ごとに差異を確認し，その起草趣旨が当てはまるかどうかを判断しながら，利用していくことになる。

　また，民法編纂局上申案は，『民法草案修正文』との関係も問題となる。『民法草案修正文』には，①財産編501～1100条・財産取得編1101～1502条と②財産編501～1100条・財産取得編1101～1500条の大きく2種類が存在する。民法編纂局上申案は，財産取得編が1502条まであり，①と基本的に同一であるが，民法編纂局上申案と比べて，若干の字句修正と誤植訂正がされている。②は，①の改訂版である。②と①を比較すると，財産編部分については，漢字修正と誤植訂正がされている程度であるが，財産取得編については，大きく異なる[55]。

　以上のように，民法編纂局上申案は，条文案以外の資料がないため，各種プロジェや2種類の『民法草案修正文』と比較しながら利用する

---

(54) 村上・前掲注(51)xii～xvi頁。この解題では，民法編纂局上申案ではなく，『民法草案修正文』の1502条本との照合をおこなっているが，同解題や後掲注(54)でも触れられているように，民法編纂局上申案と『民法草案修正文』の1502条本は，基本的に同一と考えられるので，この関係が成り立つものと考えられる。

(55) これらの異同については，藤原明久「『ボアソナード氏起稿民法草案修正文』について」ボワソナード民法典研究会編『ボアソナード氏起稿民法草案修正文（ボワソナード民法典資料集成Ⅱ前期Ⅰ‐Ⅱ）』（雄松堂出版，2001）を参照。

第1章　民法立法史と立法沿革研究資料

ことになろうが，その作業は，容易ではない。

なお，民法編纂局上申案は，元老院に再下付されるが，その再下付案は，最初の下付案と同じであったと言われている(56)。

(3) **法律取調委員会**

法律取調委員会での審議は，調査案審議，再調査案審議，元老院の修正意見に基づく審議，の大きく三度の審議がある。資料としては，それぞれに，審議の対象となる条文案，審議内容を記録した議事録（以下，法律取調委員会の議事録は，「議事筆記」と呼称する），審議で議定した条文を記した決議案，の大きく三つがありうる。このうち，決議案を示す資料はわかっていない。

また，第1節で述べた調査案審議の進め方から考えると，審議の対象となる条文案の他に，その元となったフランス語草案と，報告委員から提出された修正案が，資料として存在しているはずである。しかし，報告委員から提出された修正案については，議事筆記に部分的に記載があるのみで，詳細はわかっていない。フランス語草案も，確実なことはわかっていない。調査案審議の段階では，プロジェ第二版ですでに出版されていた部分もあるが，翻訳の直接の対象は，これとは別のものであったと考えられる。活版本・手稿本も含め，条文案と完全に一致するものはわかっていない(57)。

和文の条文案と議事筆記に関する資料状況をまとめたのが，表1-3である。これらは，学振復刻資料群に収録されている資料であり，具体的な資料名については，Appendix1中のIDを記したので，参照してもらいたい。

まず，議事筆記の方から説明する。議事筆記は，A調査案審議全

---

(56) 大久保＝高橋・前掲注(13)86頁。
(57) 大久保＝高橋・前掲注(13)280頁の注釈(57)。

表1-3 和文の条文案と議事筆記に関する資料状況

	議事筆記			条文案
	A	B		
調査案審議	全17冊（Appendix1 ID19〜35）	全4冊（Appendix1 ID46〜49）	議事筆記中の記載	『民法草案第二編』（Appendix1 ID54）
再調査案審議	全10冊（Appendix1 ID36〜45）	全4冊（Appendix1 ID50〜53）	議事筆記中の記載	『民法再調査案』（Appendix1 ID55）
元老院修正意見に基づく審議		Appendix1 ID53の一部分	不明	

17冊と再調査案審議全10冊の計27冊からなる議事筆記（商事法務版8〜11巻収録），B調査案審議全4冊と再調査案審議全4冊の計8冊からなる議事筆記（商事法務版15巻収録）の2系統の議事筆記が存在している。議事筆記Bは，要録であると考えられている。しかし，議事筆記Aに記載されていない内容が，議事筆記Bに記載されている場合がある[58]。

調査案審議と再調査案審議については，議事筆記A・Bの両方が重複して存在しているが，元老院修正意見に基づく審議については，議事筆記Aは存在せず，議事筆記Bが存在するのみである。しかも，『民法草案再調査案議事筆記 第四巻』の途中から，特別な見出しもなく記載が始まっている。そのため，資料情報からだけでは，この部分が元老院修正意見に基づく審議の議事筆記であるということは，全くわからない。筆記された内容も，おそらく部分的なものに留まっていると考えられる[59]。

---

(58) 大久保＝高橋・前掲注(13)278頁の注釈(51)。
(59) 大久保＝高橋・前掲注(13)216頁。

第1章　民法立法史と立法沿革研究資料

次に条文案であるが，条文案についての正当な資料は，わかっていない。表中に掲げたものは，条文案を知るための代替的な手段である。そのため，利用するのに問題も少なくない。

まず，議事筆記には，審議の冒頭に条文案が記載されているので，ここから条文案を知ることができる。この方法が，現在取りうる最善の方法であろう。しかし，この方法は，筆者が検証したところ，テキストの正確性に問題があることがわかった。例えば，調査案審議での財産編661条4項である。議事筆記Aの該当部分を見ると，以下のように記述されている[60]。

> 建物ノ一分又ハ母屋又ハ尚ホ狭隘ナリト雖モ賃借人ノ商業又ハ工業ヲ営ム場合ニ総テ其他ノ家具ノ附カサル場所ニ付テハ一ケ月

これに対して，議事筆記Bの該当部分は，4項と5項に分かれ，以下のように記述されている[61]。

> 建物ノ一分又ハ母屋又ハ尚ホ狭隘ナリト雖モ賃借人ノ商業又ハ工業ヲ営ム場合ニ付テハ二ケ月
> 総テ其他ノ家具ノ附カサル場所ニ付テハ一ケ月

民法編纂局上申案との比較からは，議事筆記Bが正しいと考えられる。しかし，議事筆記Aも，日本語だけを見た限りでは，違和感はあるが文章として成り立ちうるため，気づきにくい脱漏であろう。

細かく見れば，多くの間違いが見つかると考えられるが，網羅的な検証ができているわけではないため，実際に間違いがどのくらいある

---

(60) 『法律取調委員会民法草案第二編物権ノ部議事筆記　自第十一回至第十六回』49丁裏（http://dl.ndl.go.jp/info:ndljp/pid/1367417/50）。
(61) 『法律取調委員会民法草案第二編会議議事筆記　自第五百一條至第八百十三條』70丁表（http://dl.ndl.go.jp/info:ndljp/pid/1367443/74）。

かはわからない。議事筆記を条文案として使う場合には，少なくとも議事筆記Aと議事筆記Bの記載を相互に確認することが必要だと言える。相互に異なる場合には，さらに他の資料を参照して正しい内容を推定しなければならない。

また，章・節・款の記載が落ちている場合があることも，条文案と見る上で問題となる。例えば，調査案審議での財産編800条の前に「第三款　地役ノ効力」が記載されていなければならないが，この記載が議事筆記Aでは落ちている[62]。章・節・款の記載が落ちている例は，少なくない。

次に，条文案だけの資料として，調査案審議では『民法草案第二編』，再調査案審議では『民法再調査案』（商事法務版16巻収録）がある。両資料とも法律取調委員会の原案と思われるタイトルが付いているが，結論を言えば，法律取調委員会に提出された原案と考えることは不適切であろう。

まず，両資料は，そもそも条文案すべてが掲載されていない。調査案審議は，債権担保編1275条まで審議されているが，『民法草案第二編』は，財産編600条までしかない。再調査案審議は，証拠編1501条まで審議されているが，『民法再調査案』も債権担保編1240条までしかない。

さらに，議事筆記中の条文案と異なっている。議事筆記Aと『民法草案第二編』を比較してみると，最初の条文である財産編501条1項ですら大きく異なる。

---

(62) 『法律取調委員会民法草案第二編物権ノ部議事筆記　自第十七回至第二十二回』251丁表（http://dl.ndl.go.jp/info:ndljp/pid/1367418/256）。条文案である『民法草案第二編』73丁表（http://dl.ndl.go.jp/info:ndljp/pid/1367451/80）では，記載がある。

第 1 章　民法立法史と立法沿革研究資料

議事筆記 A
財産ハ各個人若クハ社団又ハ国「デパルトマン」若クハ「コンミユヌ」又ハ公設所ノ資産ヲ組成スル権利ナリ
『民法草案第二編』
財産ハ各個人又ハ公若クハ私ノ無形人ノ資産ヲ組成スル権利ナリ

　議事筆記を見ると，「「デハルトマン」「コンミユヌ」抔ト云フハ如何ナル譯デ入レマシタカ」という発言があるので[63]，議事筆記 A の条文案が提出されたと考えるべきだろう。

　また，議事筆記 A では，632 条に至るまで，動産として「移動物」，不動産として「不動物」という用語が使われている。「動産」「不動産」という用語は，621 条に至って初めて登場する。これに対して，『民法草案第二編』では，502 条から「動産」「不動産」の用語が使われている。ただし，「移動物」「不動物」という用語が使われている箇所もあり，621 条あたりまで混在して使われている。議事筆記を読む限り，少なくとも 502 条の原案では，「移動物」「不動物」と書かれていたと考えるべきであろう[64]。

　以上の違いを考えると，『民法草案第二編』・『民法再調査案』を法律取調委員会に提出された条文案と考えることはできない。では，両資料をどのような資料と理解すればよいのだろうか。

　第一に，両資料は，報告委員から提出された修正案という可能性がある。この点について，先ほどの財産編 501 条 1 項を検討してみたい。議事筆記を見る限りでは，修正案が具体的にどのように記載されていたかは明確ではない。しかし，審議内容を見ると，「「デハルトマン」

---

[63]　『法律取調委員会民法草案第二編物権ノ部議事筆記　自第一回至第五回』1 丁表（http://dl.ndl.go.jp/info:ndljp/pid/1367415/5）。
[64]　『法律取調委員会民法草案第二編物権ノ部議事筆記　自第一回至第五回』19 丁裏（http://dl.ndl.go.jp/info:ndljp/pid/1367415/24）。

「コンミユヌ」抔ハ無形人ト，一ト口ニ云タ方ガ宜イト云フ修正ノ理由デアリマス」という発言がある[65]。その他の内容も踏まえると，『民法草案第二編』にあるような文言だった可能性が高い。その他にも，報告委員による修正案の文言に関する発言と，『民法草案第二編』の文言が一致するものは多い。

第二に，両資料は，審議で議定した決議案という可能性がある。審議では，修正案が採用されることも多いため，この可能性も非常に高い。加えて，502条の審議で「五百七條ニ至テ始メテ動産不動産ト云ヒ出シテ宜シイト思フ「移動物即チ動産，不動物即チ不動産」トシテ置テ宜シイ」という発言があり[66]，これを受けて，507条で「此處ハ「移動物即チ動産タリ，不動物即チ不動産タリ」ト，後チニ直シマス」という発言があり，議定する[67]。『民法草案第二編』では，507条にこの修正が反映されているため，提出された修正案ではなく，決議案である可能性は高い。

以上の例を見る限りでは，『民法草案第二編』が決議案であるという可能性が高い。ここで逐一挙げることはできないが，『民法草案第二編』が決議案もしくは修正案に該当すると考えられる例は多い。しかし，この仮説に反する例もまた存在する。調査案審議での財産編666条1項について，各資料の文言は次のようになっており，すべての資料で年数が異なる。

議事筆記A
永借トハ長キ期限即チ十年ヲ踰スル不動産ノ賃借ヲ云フ

---

(65) 『法律取調委員会民法草案第二編物権ノ部議事筆記 自第一回至第五回』11丁表（http://dl.ndl.go.jp/info:ndljp/pid/1367415/15）。
(66) 『法律取調委員会民法草案第二編物権ノ部議事筆記 自第一回至第五回』20丁表（http://dl.ndl.go.jp/info:ndljp/pid/1367415/24）。
(67) 『法律取調委員会民法草案第二編物権ノ部議事筆記 自第一回至第五回』25丁裏〜26丁表（http://dl.ndl.go.jp/info:ndljp/pid/1367415/30）。

第1章　民法立法史と立法沿革研究資料

議事筆記 B
永借トハ長キ期限即チ二十年ヲ踰スル不動産ノ賃借ヲ謂フ
『民法草案第二編』
永借トハ長キ期限即チ三十年ヲ踰スル不動産ノ賃借ヲ謂フ

　議事筆記 A には，報告委員の修正案が記載されており，そこには，「第一項「三十年」ヲ「二十年」ト改メ」とある[68]。そして，審議の結果，20 年が可決される。また，議事筆記 B には，「本條一項ハ報告委員ニ於テ三十年ヲ二十年ト修正ス即チ其修正案ヲ可トス」との記述がある[69]。これらの記載からすると，原案は「三十年」，修正案は「二十年」であったと理解するべきであろう。そして，決議案があれば，そこには，「二十年」と記載されているはずである。

　議事筆記 A は，単なる誤植と考えるしかないだろう。議事筆記 B は，修正案もしくは決議案を示したものである可能性もある。しかし，修正案はさらに，「「不動産」ヲ「荒蕪地又ハ未耕地」ト修正ス」としているのだが，議事筆記 B には，その記載がないので，修正案を示したものではない。また，審議の結果，調査案財産編 666 条 5 項と 6 項は，一つにまとめられることが議決されている[70]。再調査案でもこの議決が反映されているので，この議決は存在したと考えられる[71]。しかし，議事筆記 B は議決のようになっていないから，決議案を示したものでもない。すると，議事筆記 B もまた，単なる誤植である

---

(68) 『法律取調委員会民法草案第二編物権ノ部議事筆記 自第十一回至第十六回』60 丁表（http://dl.ndl.go.jp/info:ndljp/pid/1367417/63）。
(69) 『法律取調委員会民法草案第二編会議事筆記 自第五百一條至第八百十三條』72 丁裏（http://dl.ndl.go.jp/info:ndljp/pid/1367443/77）。
(70) 『法律取調委員会民法草案第二編物権ノ部議事筆記 自第十一回至第十六回』71 丁表〜裏（http://dl.ndl.go.jp/info:ndljp/pid/1367417/74）。
(71) 議事筆記 B には，5 項と 6 項の議決について明記されていない。このことも，資料の利用において特筆すべき事であろう。

と考えられる。

　『民法草案第二編』は，これまでの検討では，修正案もしくは決議案の可能性が高かったが，第1項の年限は，原案に一致する。また，「不動産」は「荒蕪地又ハ未耕地」に修正されていないし，5項と6項も一つにまとめられてはいない。つまり，財産編666条に関して，『民法草案第二編』は，修正案でも決議案でもなく，議事筆記よりも正しく原案を示しているのである。

　しかし，すでに考察した通り，『民法草案第二編』を原案と見ることは難しい。調査案財産編666条1項で，『民法草案第二編』だけが原案として正しかったことは，偶然であろう。その一方で，『民法草案第二編』を修正案もしくは決議案と単純に考えることもできないことがわかる。また，すでに述べた通り，議事筆記Aと議事筆記Bにもテキストに誤りがある。このことも資料相互の関係の検証を困難にしている。以上の検討は，『民法草案第二編』から具体例を示したが，『民法再調査案』でも，同様の傾向がうかがえる。もっとも，これは，筆者が検証した範囲での傾向でしかなく，厳密に網羅的に検証した結果ではない。詳細な網羅的検証は，今後の課題としたい。

　現段階では，議事筆記Aと議事筆記Bが相互に不正確な点があり，『民法草案第二編』・『民法再調査案』は何らかの修正が加えられた条文案であると，基本的には言えるであろう。しかし，この関係がすべてに一貫して成り立つわけではないため，これらの資料を利用する上では，個々に精査しながら慎重に利用しなければならないということになろう。

　なお，元老院修正意見に基づく審議に提出された条文案については，詳しい資料はわかっていない。全文の読み上げもないため，これを知る手段は，今のところ存在しない。

第1章　民法立法史と立法沿革研究資料

(4) 元老院・枢密院

　元老院に下付された条文案は,『公文類聚』に収められている(72)。元老院本会議は,明治22(1889)年3月7日と7月29日に開かれており,議事録である『元老院会議筆記』が,国立公文書館に保存されている(73)。しかし,その間の4ヶ月あまりに渡って具体的に逐条審議をおこなったと推定される元老院の民法審査委員会については,資料が残っていない。また,民法審査委員会の審議の結果,元老院から法律取調委員会に対して修正意見が出されているが,その内容を示す資料もわかっていない。

　法律案は,明治23年(1890)年1月28日に枢密院に諮詢されたが,具体的な条文案は,明らかではない。枢密院の議事録も,おそらく正式なものは残っていないと考えられる。枢密院の議事録は,国立公文書館に所蔵され公開されているが,その中に民法に関する議事録が含まれていないからである(74)。その理由として,明治24年の枢密院官舎の火災により焼失した可能性が指摘されている(75)。しかし,議事録については,国立国会図書館憲政資料室所蔵の伊東巳代治関係文書に,議事録の草稿と思われるものが存在しており,そこから内容を知ることができる(76)。枢密院で議定された条文案は,国立公文書館に『枢密院決議』として残されている。

　なお,元老院の議定から枢密院への諮詢までに約半年の期間がある。

---

(72)　なお,元老院下付案は,内閣法制局の審査を受けていないので,法律取調委員会上申案と同一である。

(73)　手塚・前掲注(23)290頁以下に翻刻が収録されている。

(74)　枢密院の議事録は,東京大学出版会から復刻本も出版されているが,その中にも含まれていない。

(75)　高橋良彰「解題」ボワソナード民法典研究会編『解題・参考資料(ボワソナード民法典資料集成II後期III IV V)』58～59頁。

(76)　手塚・前掲注(23)309頁以下に翻刻が収録されている。

その理由は，条約改正をめぐる動きを中心とする，政府内の事情によるものと考えられる[77]。この約半年の間に，法律取調委員会により条文案の修正がなされたと思われる。少なくとも373条については，その資料が残されている[78]。ただし，具体的な枢密院諮詢案が明らかではないため，諮詢までに修正されたのか枢密院の審議で変更されたものなのかは，明確にはできない[79]。

(5) **民法理由書**（エクスポゼ）

旧民法には，正文に対する理由書が存在している。仏文の活版資料『Code civil de l'Empire du Japon. Accompagne d'un exposé des motifs.』（以下，エクスポゼ）と和文の手稿資料『民法理由書』がある。エクスポゼには，著者名の記載がないが，ボワソナードが書いたものであることが研究により明らかとなっている[80]。

エクスポゼは，全4巻であり，第1巻はフランス語の正文，2〜4巻は理由書となっている。第1巻には，「Traduction officielle」（公定翻訳）の表記があり，ボワソナードの草案から修正・削除を経て公布された正文に合わせたフランス語となっている。

理由書の部分は，エクスポゼがオリジナルであり，『民法理由書』は，城数馬と森順正がこれを翻訳したものである[81]。理由書部分もまた，修正・削除を経て公布された正文に合わせて記述されている。

なお，ボワソナードは，プロジェ新版の出版を条件に，この理由書の執筆を引き受けている。ボワソナードの草案から修正・削除がおこなわれた正文は，ボワソナードにとって不本意なものであった。プロ

---

(77) 高橋・前掲注(75)21頁以下。
(78) 高橋・前掲注(75)35頁以下。
(79) 高橋・前掲注(75)46頁。
(80) 大久保＝高橋・前掲注(13)263〜264頁。
(81) 池田・前掲注(5)45頁以下に，詳細な解題がある。

第1章　民法立法史と立法沿革研究資料

ジェ新版は，ボワソナードが理想とする民法典として書かれ，旧民法の公布後に出版された。

(6) **人事編・財産取得編（続）に関する資料**

旧民法人事編・財産取得編（続）に関する条文資料は，①法律取調委員会民法草案（第1草案），②法律取調委員会再調査案，③法律取調委員会上申案・元老院下付案，④元老院議定上奏案，⑤元老院議定後の内閣修正案，の5段階がある。

①の資料としては，理由書付きの資料を用いるのが一般的だと思われる。熊野敏三らが起稿した『民法草案人事編理由書』と，磯部四郎と井上正一が起稿した『民法草案獲得編第二部理由書』である[82]。両資料の翻刻資料として，明治文化資料叢書刊行会編『明治文化資料叢書　第3巻(上)(下)』（風間書房，1959-1960）がある。この他に理由書なしの資料も存在している。また人事編については，比較のために諸外国の条文を掲載した『民法草案人事編　九国対比』という資料が存在している[83]。この資料は，学振復刻資料群にも収録されている（商事法務版16巻収録）。

②は，人事編についてだけが，学振復刻資料群に『民法草案人事編再調査(完)』として収録されている（商事法務版16巻収録）。財産取得編（続）の再調査案も，同様に完成したものと考えられるが，これに関する資料は発見されていない。

③は，国立公文書館の『公文類聚』と『元老院会議部書類・議案下附返上』に収録されている。法律取調委員会の上申から元老院への下付の間に修正されたという事情がないため，両者は同一であると考え

---

(82) 出版年，出版社は不明。両理由書は，分担執筆されているようであり，目次で分担者を確認することができる。
(83) 国立国会図書館所蔵の『民法草案人事編（九国対比）』（XB300 M23-1）は，学振復刻資料群の原典であると思われる。

第3節　旧民法期

られる。同時期の資料として,『法例　民法人事編　民法財産取得編（続）第二版』（XB300 H1-3）がある[84]。公文書が公開されていなかった時代には,こちらが主に用いられていた。公文書と行数等が一致しており,同一資料であると考えられる。

　④は,国立公文書館所蔵の『元老院会議部書類・議定上奏』に収録されている。

　⑤は,国立公文書館に収められている『法例　民法財産取得編　民法人事編　合本』（XB300 H1-3A）だとされる。「第二版」に書き込み修正を加える形式で作成されている。修正には,朱書きと青書きの2種類があり,朱書きは元老院での修正で,青書きは内閣での修正である。青書きの修正後について,条文数だけで言えば,人事編293ヶ条・財産取得編（続）150ヶ条であり,公布された正文と同一である。

　これと同時期の資料と考えられるものとして,『法例　民法人事編　民法財産取得編（続）第三版』（XB300 H1-3B）がある。こちらは,上記の書き込み修正資料とは異なり,新規に印刷し直されている。この資料の疑問点は,条文数や内容が公布された正文と若干異なっていることである。「第三版」では,正文では削除されている財産取得編409条が残っているし,人事編もところどころで相違が見られる[85]。正文との相違から,第三版が枢密院諮詢案だとも考えられてきた。その

---

(84)　「第二版」に対して「第一版」は,いわゆる「第一草案」のことである。国立国会図書館所蔵の『民法草案人事編』（XB300 M25-2）に「第一版民法人事篇」との記載があり,「第一草案」は,当時「第一版民法人事篇」と呼ばれていた。後に「第一草案」と呼ばれるようになったとされる（石井良介「解題」明治文化資料叢書刊行会編『明治文化資料叢書　第3巻(上)』（風間書房,1959）3頁）。なお,国立国会図書館を調べてみると,「第二版」の表記のない『法例　民法財産取得編　民法人事編』（XB300 H1-3C）が見つかる。しかし,これらの中を見てみると,いずれも人事編412ヶ条,財産取得編295ヶ条からなり,「第二版」と同一であると考えられる。

(85)　例えば,人事編149条2項および3項。

43

第1章　民法立法史と立法沿革研究資料

考え方によれば，枢密院で修正が加えられて正文になったとされる。しかし，第1節で述べた通り，枢密院への諮詢は不明であり，諮詢されていない可能性もある。そのため，この「第三版」については，現時点では不明であると言わざるをえない。

家族法部分に関する資料としては，①〜⑤に示した条文案の他に，裁判所などからの草案に対する意見書がある[86]。この意見書は，学振復刻資料群に『民法編纂ニ関スル裁判所及司法官意見書 上・中・下』（以下，単に『意見書 上・中・下』とする），『民法草案意見書 人事相続』，『民法ニ関スル諸意見綴込』（以下，単に『諸意見綴込』とする）として収録されている（商事法務版16巻収録）。これらは，日付が不明なものもあり，どの資料がどこに位置づけられるかが問題となる。まずは，それぞれの内容を確認してみたい。

『意見書 上』には，法例全体に関する意見と，法例と人事編についての条文ごとの意見が収録されている。条文ごとの部分は，法例が35条まで，人事編が510条までとなっている。

『意見書 中』には，法例・人事編・財産取得編に関して，全体意見と条文ごとの意見とが収録されている。条文ごとの部分は，法例が17条まで，人事編が366条まで，財産取得編が288条から570条までとなっている。

『意見書 下』には，財産取得編についての条文ごとの意見が収録さ

---

[86] 明治期の立法に携わったいわゆるお雇い外国人からも意見書が提出されており，学振復刻資料群の中に存在している。しかし，外国人からの意見書は，他の資料に混じり込み，ひとまとまりになっておらず，また，学振版と商事法務版で編成が違うなど，非常にわかりにくい状態になっているため，本書では紹介しないこととした。外国人からの意見書については，高橋良彰「旧民法典中ボアソナード起草部分以外（法例・人事編・取得編後半）の編纂過程」山形大学歴史・地理・人類学論集8号（2007）62頁以下でまとめられているので，参照されたい。同論文は，家族法部分について，条文案やその審議について非常に詳細に扱っている。

第3節　旧民法期

れており，1501条から1968条までとなっている。これに加えて，「法例并人事編及ヒ獲得編第二部全體ニ關スル意見」も収録されている。

『民法草案意見書 人事相続』は，京都始審裁判所からの意見であり，法例が31条まで，人事編が476条まで，財産取得編が1509条から1834条までとなっている。

『諸意見綴込』は，13通の意見書が一つに綴じられたものである。日付の記載があるものが多く，確認できる一番古いものは明治22(1889)年5月25日，一番新しいものは明治23(1890)年3月13日となっている。

掲載されている条文数から考えると，『意見書 上』と『意見書 下』は，第一草案に対する意見書であると考えられる。第一草案は，法例全35条，人事編全510条，財産取得編（獲得篇第二部）1501条から1968条で構成されており，それ以降の草案では，条文数が減少する。そのため，この意見書に対応する草案は，第一草案しかない。また，『意見書 上』は，「法例並ニ人事編及ヒ獲得編ニ関スル意見書」という項目の下で，法例についての意見の記載が始まるが，『意見書 上』の中では，獲得編に関する記載がない。一方，『意見書 下』は，特別な項目立てなく，財産取得編の意見の記載が始まる。これは，『意見書 上』と『意見書 下』が一体のものと考えると，不自然ではなくなる。以上のことから，『意見書 上』と『意見書 下』は一体の資料であり，第一草案に対する意見書であると考えられる。

これに対して，『意見書 中』は，財産取得編が1501条から始まらないため，第一草案には該当しない。また，元老院議定上奏案や内閣修正案は，人事編と財産取得編に関して，意見書に記載のある条文数よりも少ない条文数であるため，これにも該当しない。法律取調委員会再調査案もしくは法律取調委員会上申案が候補となる。条文番号と記載内容をいくつ照らし合わせたところ，法律取調委員会上申案と一致しうることがわかった。さらに，『意見書 中』の中に「民法草案人

45

事編意見書追加」という資料があり，明治23(1890)年6月14日の日付を確認できる。この日付は，法律取調委員会上申案が確定した後であるため，このこととも矛盾しない。以上のことから，『意見書 中』は，法律取調委員会上申案（元老院下付案）に対する意見書ではないかと考えられる。

『民法草案意見書 人事相続』は，条文番号から，『意見書 上』『意見書 下』と同様に，第一草案に対する意見書であると考えられる。『諸意見綴込』は，日付が付されているものが多いため，そこから資料の時系列を位置づけることができる。すなわち，日付が古い意見書は，第一草案に対する意見書だと考えられる。逆に，再調査案が完成した明治23年1月以降の意見書は，再調査案に対する意見書だと考えられる。意見書中でも「旧〇条」という以前の条文番号を指す記載があるため，再調査案の閲覧後の意見書であると考えられる。さらに，「再調査中ニツキ意見」と明示されているものもある。

以上，意見書の位置づけをまとめると，第一草案に対する意見書として『意見書 上』・『意見書 下』・『民法草案意見書 人事相続』，法律取調委員会の審議と平行する時期で第一草案もしくは再調査案に対する意見書として『諸意見綴込』，法律取調委員会上申案に対する意見書として『意見書 中』が対応すると考えられる。

第4節　明治民法期

(1) 法典調査会の方針

明治民法の起草をおこなった法典調査会については，旧民法に比べて，その組織や会議の進め方，起草の方針について，多くの資料がわかっている。本書では，法典調査会で言及や審議された法典調査規程，法典調査ノ方針，乙号議案について触れることにする。

法典調査規程は，法典調査会総会の第1回で書記朗読がされているため，議事速記録から内容を知ることができる。また，学振復刻資料

群の『旧民法編纂沿革 他』に，資料の一つとして綴じられている。法典調査規程には，草案や理由書も存在しており，これらは解題付きで写真コピーによる復刻がされている[87]。

法典調査ノ方針は，民法と商法に関する編別構成とそこに定める内容という大枠についての規定である。法典調査ノ方針は，法典調査規程と異なり，法典調査会総会の第1〜2回で審議した上で確定されている。そのため，法典調査ノ方針については，原案と審議により確定された規定とがあることになる。

法典調査ノ方針の原案は，審議の冒頭に掲載されているため，法典調査会総会第1回の議事速記録から内容を知ることができるように思われる。しかし，ここに記載されているものは，審議の結果が部分的に織り込まれている[88]。つまり，この記載は，原案としても確定規定としても参照に適さない。原案および確定規定は，私文書中に存在しており，解題付きで写真コピーによる復刻がされている[89]。

乙号議案とは，民法の具体的な内容に関する方針についての議案である。法典調査規程10条[90]に基づいて起草委員から提出される議案であり，予決議案とも呼ばれる。乙号議案は，起草委員から提出される原案をもとに，法典調査会主査会において審議されている。そのため，乙号議案も，原案と議決された案とがあることになる。

乙号議案は，乙13号までが法典調査会主査会の第1〜4回において審議されている。その後も，審議に進行に応じて乙号議案は追加され

---

(87) 広中・前掲注(28)580頁以下参照。
(88) 広中・前掲注(28)583頁。
(89) 広中・前掲注(28)580頁以下参照。同書で取り扱われていない資料として，学振復刻資料群の『旧民法編纂沿革 他』の中に，法典調査ノ方針という資料がある。全13条であり，その内容からすると，確定規定だと考えられる。
(90) 法典調査規程10条「予メ議定ヲ要スヘキ重要ノ問題アルトキハ起草委員ハ之ヲ定期若クハ臨時主査委員会ニ提出シテ其意見ヲ問フ」。

第1章 民法立法史と立法沿革研究資料

ており,その都度審議されている。ここでは,乙13号までを解説の対象とする。

　乙号議案の原案は,私文書中に存在しており,写真コピーによる復刻がされている[91]。また,審議の冒頭で書記朗読がされるので,法典調査会主査会議事速記録を見ることで,その内容を知ることができる。

　乙号議案の議決案は,国立国会図書館憲政資料室所蔵「箕作阮甫・麟祥関係文書」に存在しており,写真コピーによる復刻がされている[92]。また,学振復刻資料群の1巻である『民法第一議案』(商事法務版13巻収録)に「参考書(主査委員会議決案)」として収録されている。

(2) **起草委員の原案**(甲号議案)
(i) **資料の概要**

　起草委員の原案は,「甲号議案」と呼ばれる。甲号議案を知るための資料はいくつかある。まず,比較的アクセスしやすいひとまとまりの資料として,『民法第一議案』が挙げられる。『民法第一議案』は,先ほど述べたとおり学振復刻資料群の中の1巻である(商事法務版13巻収録)。『民法第一議案』には,具体的な条文案である甲号議案と,審議の過程で提出された修正案が収められている[93]。もっとも,後述するようにすべての修正案が収められているわけではない。

---

(91)　広中・前掲注(28)1098頁以下参照。
(92)　広中・前掲注(28)1222〜1227頁。同1099頁に解題がある。
(93)　なお,国立公文書館に『民法第一議案』という同名資料が存在している(国立公文書館請求記号ヨ324-0396)。しかし,国立公文書館所蔵の同名資料には,修正案,乙号議案,目次案である甲第一号議案,総会の甲号議案すら掲載がない点で,学振復刻資料群の『民法第一議案』とは大きく異なる。国立公文書館所蔵のものは,後述する『(以活版換謄写)民法修正案理由書附修正法典質疑要録』の体裁に近い。なお,国立公文書館には,『民法第二議案』(国立公文書館請求記号ヨ324-0397)という資料も存在する。

第4節　明治民法期

　起草委員の原案は，条文審議の冒頭で書記により朗読されるので，法典調査会議事速記録（主査会及び総会を含む）を見ることでも，その内容を知ることができる。甲号議案と条文審議の冒頭で朗読されるものは，基本的には同じものだと考えられるが，法典調査会への提出時に修正や，誤植の可能性があるため，全く同一とは言えない。

　また，私文書の中にも，甲号議案は存在している。その中でも最もよく知られているものは，東京大学法学部研究室図書室（法制史資料室旧蔵）が所蔵している法典調査会穂積陳重博士関係文書（以下，「穂積文書」と呼ぶ）であろう[94]。しかし，同資料は，現在復刻等がされておらず，利用は不便な状態にある。インターネットで公開されており利用しやすい私文書として，法政大学図書館が所蔵梅している梅謙次郎文書（以下，「梅文書」と呼ぶ）がある。しかし，梅文書は，穂積文書と異なり，一部の甲号議案が欠落している[95]。その他にも，箕作麟祥や田部芳の文書にも，甲号議案は存在している[96]。

　甲号議案，議事速記録，私文書のうちのどれを利用するかで，内容に齟齬が生じうる。この点，私文書中の資料は，実際に法典調査会で用いられたと考えられる原典であり，学振復刻資料群中の資料は謄写資料であるから，資料価値だけを考えれば，私文書中の資料を用いる

---

(94)　福島正夫編『明治民法の制定と穂積文書：「法典調査会穂積陳重博士関係文書」の解説目録および資料』（民法成立過程研究会，1956）59頁以下に目録がある。以下，「穂積文書目録」と参照する。甲号議案は，穂積文書目録第3部甲を参照。

(95)　梅文書研究会編『法政大学図書館所蔵梅謙次郎文書目録』（法政大学ボアソナード記念現代法研究所，2000）を以下「梅文書目録」と参照する。甲号議案は，梅文書目録第1部門32（A5e/7）を参照。

(96)　広中俊雄「箕作麟祥民法修正関係文書一覧」民法研究2号（2000），広中俊雄「田部芳民法修正関係文書一覧」民法研究3号（2002）に記されている目録を見ると，これらの私文書にも，甲号議案の資料が存在していることが確認できる。

第1章　民法立法史と立法沿革研究資料

べきことになる。

　甲号議案は，甲75号まである。2段階審議が行われていた時期には，主査会と総会のそれぞれに甲号議案があった。主査会は，総会の先議にあたるので，主査会の議論で確定したものが，総会甲号議案として配布されたと考えられる。このことからすると，本当の意味で起草委員の原案と呼べるのは，主査会の甲号議案である。

　資料では，「（主）甲第三号」，「（総）甲第二号」といった具合に記載されている。本書では，「主査会甲〇号」，「総会甲〇号」と記すことにする。「（主）」の文字が記載されている議案は，甲1号から甲6号まである。主査会甲1号は，民法全体の目次に関する原案である。主査会甲2号は，商法全体の目次に関する原案である。具体的な条文は，主査会甲3号から始まる。主査会甲6号は，「（主）」の文字があるが，審議自体は一本化された法典調査会で行われている。もともと主査会用の原案として作成されており，その後に法典調査会が一本化されたために，「（主）」の文字が残っていると考えられる。

　「（総）」の文字が記載されている議案は，甲1号から甲4号まである。総会甲1号は，主査会甲1号と対応し，目次に関する原案である。商法の目次に関する原案である主査会甲2号に対応する総会原案はない。そのため，号数がずれ，総会甲2号に対応するのは，主査会甲3号である。

　各号には，起草担当者が存在していたようである。起草担当者は，その範囲のたたき台を作成し，それを基に他の起草委員二人と議論をし，原案を作成した。また，起草担当者は，法典調査会の各条文の審議の冒頭において，趣旨説明を行なうことも担当したようである[97]。

---

(97)　福島・前掲注(94)52頁以下において，起草分担を推測する方法について四つの方法を示して整理している。どれによるかで結論が異なることになる。しかし，民法全体について判断しうる方法は，趣旨説明の担当者による方法しかない。ただし，仁井田益太郎＝穂積重遠＝平野義太郎「仁井田博士に民

第4節　明治民法期

　起草委員の原案には，基本となる75号までの甲号議案の他に，追加案と修正案が存在する。追加案は，甲20号と22号で登場する。この追加案は，通常の甲号議案とフォーマットが同じであり，甲号議案と同列のものと捉えてよいであろう。

　これに対して修正案は，法典調査規程26条「法案ニ修正ヲ加ヘント欲スルモノハ先ツ修正ノ成案ヲ提出スヘシ」に基づいて作成されるものである。その都度作成されるものであり，フォーマットも一定ではない。条文案だけが記されている場合が多いが，参照条文や理由が記されている場合もある。条文案が，改め文の形式になっているものや，同じ条文に対する案が二つ併記して示されている場合もある。また，そもそも修正案は，起草委員から提出される場合が多いが，それ以外の法典調査会のメンバーから提出されることもある。

　修正案は，すべて網羅的にまとまった形では，存在していないと思われる。穂積文書中の修正案[98]と『民法第一議案』中の修正案を照らし合わせると，相互に欠落があることがわかる。

(ii)　**甲号議案に付属する参考情報**

　甲号議案には，単に条文案のみが記されているのではなく，参照した国内外の法令・判例，起草（修正）理由も記されている。起草理由については，本節(5)で詳細に触れる。ここでは，参照法令の記載について説明する。甲号議案には，各条文に「参照」という項目が明記されており，主に修正元である旧民法と外国法が挙げられている。

　外国法については，フランス，ドイツといった典型的な外国のみではなく，モンテネグロやインドといった国々や，ヴォー，グラウビュンデンといったスイスの州（カントン）まで参照されている。また，

　法典編纂事情を聞く座談会」法律時報10巻7号（1938）19頁によると，梅謙次郎は他人の起草した部分でも喋ったとあるため，この方法は必ずしも正確であるとは言えない。

(98)　穂積文書目録第5部甲。

第1章　民法立法史と立法沿革研究資料

参照する法令も，民法をはじめとする基本法典だけではなく，「佛一八五五年三月二三日法」といった表記で示されるような単行法まで参照されている。

　外国名の表記方法は，漢字一文字表記の場合とカタカナ表記の場合がある。漢字一文字表記については，凡例を見ることで，特定が可能である。カタカナ表記については，現代の一般的なカタカナ表記とは，異なるものがいくつか見られる。例えば，「ノイシヤテル」，「テッシン」，「フライブルグ」といった表記が登場するが，これらは，スイスの州である「ヌーシャテル（Neuchâtel）」，「ティチーノ（Ticino）」，「フリブール（Fribourg）」を指していると考えられる。「フライブルグ」は，同名の都市がドイツに存在しているため混乱する。

　また，外国名の表記には，別の表記が用いられていても同じものを指している場合（表記ゆれ）があることがわかっている。例えば，カリフォルニアを示すものとして，「加」という表記と「カリフオルニヤ」という表記の二種類が使われている。他にも，アルゼンチンを示すものとして，「亜」という表記と「アルジエンチーン」という表記の二種類が使われている。「ソローテルン」と「ソローツルン」のように，カタカナ表記の際の表記ゆれもある。

　法令名の表記方法は，外国名の記載のみで法令名の記載がない場合と，外国名の後ろに法令名などの情報が付いている場合とがある。凡例を見ると，「單ニ國名ノミヲ掲ケテ其法令ノ種類ヲ示ササルハ民法ノ箇條ナリ」とされている。すなわち，外国名だけで法令名が付いていない場合は，民法を指している。具体例をあげると，単に「澳」とだけ表記されている場合は，オーストリア民法ということになる。次に，凡例によると，「商」は商法，「民訴」は民事訴訟法，「刑」は刑法，「刑訴」は刑事訴訟法の略であり，「草」は草案，「一草」は一読会草案，「二草」は二読会草案の略であるとされている。例えば，「亞商」はアルゼンチン商法ということになる。また，民法の場合は表記

第4節　明治民法期

が省略されているので，例えば，「白草」はベルギー民法草案ということになる。

　上記以外の法令を参照している場合には，直接法令名を示したり，年月日や法令番号で示したり，あるいはその両方を使って示すといった表記が使われている。それぞれの例を挙げると，「瑞債務法」，「瑞一八七四年一二月二四日法」，「瑞一八八一年行爲能力法」といった表記がある。法令名の多くは和名で記されているが，アルファベットのままの場合もある。

　以上が基本的な表記であるが，イギリス法に関する表記には，特別な配慮が必要であろう。イギリス法の表記には，基本的な表記に属するパターンの他に，イギリス国王の治世年と法律番号で表記するパターンがある[99]。イギリス国王の治世年と法律番号で表記するパターンは，「ヴィクトリア八年九月法一〇九号」（甲44号704条）のように日本語で表記される場合と，「7 Will. IV ; 1 Vict. C. 26, S. 7」（甲69号1062条）のようにアルファベットと数字のみで表記される場合とに大別できる。後者は，イギリス法の引用法の１つであり，この例は，ウィリアム４世の治世第７年からヴィクトリア女王の治世第１年を会期とする議会において女王の裁可を得た26番目の制定法の第7条（section7）を示している[100]。ただし，資料のアルファベットのフォント自体が非常に読みにくいこと，本来横書きのものが縦書きされていること，アルファベットという形が簡易な文字であるがゆえに誤植

---

[99]　複合的なパターンとして，「使用者責任法 & 44 Uict. c. 42」という表記が登場する（甲47号723条）。これは，Employers' Liability Act 1880（43 & 44 Vict c 42）を指していると考えられる。後ろの英数字部分は，脱漏と誤植があると推測される。

[100]　グランヴィル・ウィリアムズ著＝庭山英雄他訳『イギリス法入門』（日本評論社，1985）45頁。

53

が混じりやすいこと[101]，このような要素により，解読が難しくなっている。例に出した「7 Will. Ⅳ ; 1 Vict. C. 26, S. 7」は，厳密に言えば，筆者が適切に解釈しなおしたものである。実際には，「Ⅳ」は，「1」と「v」が縦に一文字ずつ置かれているし，大文字と小文字の区別もつかない。

「ビクトリヤ法典」[102]と表記されているものも，基本的な表記パターンとは異なる。通常の参照の表記方法は，頭に国名が付いているが，「ビクトリヤ法典」には，国名が記載されていない。「ビクトリヤ法典」が何を参照したものかについても，現時点でよくわかっていない[103]。

法令名についても，外国名と同じく，表記ゆれがあることがわかっている。例えば，「普國法」の表記と単に「普」のみの表記とがあるが，いずれもプロイセン一般ラント法（Allgemeines Landrecht fuer die Preussischen Staaten）を指している。

現状では，34ヶ所の国と地域，124種類の法令に整理することができた[104]。また，このうちの4ヶ国では，判例も参照している。Appendix2 は，甲号議案が参照している外国法令の一覧を挙げたも

---

(101) 誤植としては，例えば，「V」が「U」と表記されているものがある（前掲注(99)で示した甲47号723条の他，甲20号408条など）。

(102) 「ビクトリア法典」（甲16号295条）という表記もあるが，表記ゆれとして処理した。

(103) 前田達明＝古積健三郎＝高橋真「〈史料〉留置権法(1)」民商118巻2号（1998）285頁でも，「調査中」とされている。

(104) 法令名を特定できなかった表記として，①「オーストリア1873年8月9日軍務條例」，②「オランダ1857年法」，③国名なしの「ビクトリヤ法典」を含んでいる。整理の仕方など詳細については，佐野智也「民法起草時における参照外国法令の分析」名古屋大学法政論集257号（2014）89頁以下および「民法起草時における参照外国法分析基盤の構築」名古屋大学法政論集263号（2015）を参照。

第4節　明治民法期

のである。

日本法については，修正元である旧民法やその他の法律のみならず，大審院判決，伺・指令や養老律令，さらには『続日本紀』といった資料まで，非常に多岐にわたって参照されている。資料が多岐にわたるため，現状ではすべて整理しきれていないが，概要は以下の通りである。

①　旧民法・明治民法

旧民法は，五つの編すべてが参照されているほか，人事編については，草案も参照されている。また，「本案」という表記で，起草中の明治民法自体の参照もされている。

②　民法以外の法律

現在の形式での法律のみではなく，明治19年2月の公文式施行以前における太政官布告と，公文式施行以後の勅令もここに分類できる[105]。以下では，これらも含めて単に法律と記載することにする。参照形式は，年月日・法律番号・法律名のすべてが記載されている場合が多いが，月日の記載がない場合，法律名のみが記載されている場合，法律名の記載がない場合などもあり，必ずしも，該当の法律を探索しやすい状態にはない。

ここに分類できる法律を整理したところ，51種類の法律が登場することがわかった。Appendix3は，この一覧を挙げたものである。

③　達，省令，訓令[106]

各省が発するこれらの形式についても参照がなされている。参照形

---

[105]　ある時期までは，太政官布告と太政官達は厳密に区別されておらず問題となるが，さしあたり，単に布告か達かで区別した。

[106]　訓令は，行政機関およびその職員を対象として定められる命令であり，一般的に法規としての性質がないとされ，③ではなく④に分類すべきことも考えられる。ここでは，資料解説という趣旨から，官報に掲載されうる資料という点で，③に分類した。

55

第1章　民法立法史と立法沿革研究資料

式は，年月日・発令した省・番号という形式が多く，具体的なタイトルまで表示されている場合は少ない。

④　その他の行政文書等

②と③以外にも，訓示，太政官決裁，伺・指令（「岡山縣伺」，「内務省伺」，太政官指令，司法省指令，「内務省伺ニ對スル太政官指」，「愛知縣ニ對スル内務省指」など），回答（「司法省回答」，「民事局長回答」，「長野縣問合ニ對スル司法省回答」など），戸籍局照会など，様々な形式の行政文書が参照されている。これらは，基本的に年月日の記載と共に登場するが，月までしか記載されていないものや，年のみしか記載されていないものもあり，特定が困難であることが予想される。しかも，これらは約900種類も登場するため，すべてを特定するには，膨大な作業が必要であろう。これらのほとんどは，親続編と相続編の甲号議案で登場する。

⑤　判　　例

登場する判決は，全56件である。大審院判決の参照がほとんどであるが，「横濱始審裁判所判決」2件と「東京控訴院判決」1件も参照されている。明治29(1896)年6月10日の法典調査会で提出された甲62号議案では，明治29(1896)年3月17日の大審院判決が参照されており，最新の情報にも注意が向けられていたことがわかる。

⑥　江戸時代以前の法

養老律令，諸士法度，武家諸法度，御定書百箇条といった江戸時代以前の法も参照されている。養老律令については，「戸婚律有妻更娶條」，「戸令結婚已定條」といった形式で参照されており，養老律令という表記自体は登場しない。諸士法度や武家諸法度は，元号付きで細かく参照されている。例えば，諸士法度であれば，寛永9年，寛永12年，寛文3年の3種類が登場する。その他，「寛永一九年一二月一五日定」，「享保一七年六月六日町觸」といったものも参照されている。また，「信玄家法」，「長曾我部元親百箇條一人之讓之事條」なども登

第4節　明治民法期

場し，分国法まで参照されていることがわかる。なお，ここに属すると考えられる法令はすべて，親続編と相続編の甲号議案で登場する。

⑦　文献・その他

『全國民事慣例類集』と『民事慣例類集』が起草時に用いられたことは，比較的知られているのではないかと思われる。この他に，『續日本紀』，『廳政談』，『地方公裁録』，『地方聞書』，『地方聞書抄』，『法曹至要抄』，『裁判至要抄』といったものが参照されている。これらの資料はすべて，親続編と相続編の甲号議案で登場する。

以上のように概観すると，親続編と相続編には，④⑥⑦の資料が用いられているという特徴があり，前三編の参照とは異なることがわかる。

参照した外国法の資料については，起草委員の私文書に部分的に存在している。穂積文書中の外国法に関する資料は，穂積文書目録の第9部乙にまとめられている。梅文書中の外国法に関する資料は，梅文書目録の第1部門7（A5a/2），第1部門8（A5a/2），第1部門26（A5a/26）に，主に掲載がある[107]。資料の内容は，それぞれの起草担当部分と関連している。起草委員が参照した資料は，起草過程の解明において重要性が高い。しかし，私文書中の資料は，手書きの一点ものの資料がほとんどであり，誰もが容易に利用できる状態にはない。この点で，私文書の復刻がまたれるところである。

(3) 議事速記録

旧民法の審議をおこなった法律取調委員会と同じく，法典調査会でも議事録が取られている。法律取調委員会では議事筆記であったが，法典調査会で残っている資料は議事速記録という標題になっている。

---

[107]　これ以外に，梅文書目録第4部門4（A5a/32）にも外国法に関する資料が含まれている。本稿では，民法に関する立法関係資料として，挙げた3カテゴリについてのみ扱うことにする。

第1章　民法立法史と立法沿革研究資料

議事速記録は，発言がほぼそのまま記録された資料であり，これと比較すると，法律取調委員会の議事筆記は，発言を整理して議事内容を示した資料だと思われる。

法典調査会の会議ごとに名称が異なっており，会議に応じて，主査会議事速記録，総会議事速記録，法典調査会議事速記録，整理会議事速記録，の4種類が存在する。

議事速記録は，学振復刻資料群に収められている。ただし，学振復刻資料群では，法典調査会議事速記録の第180回の後半が欠落している。この部分は，穂積文書に見出すことができる[(108)]。

また，法典調査会124回から202回までの家族法部分の議事速記録については，学振復刻資料群の他に，巖松堂書店から謄写版が出版されている[(109)]（以下，「巖松堂版」と呼ぶ）。学振復刻資料群はタイプ印刷による謄写であるが，巖松堂版はガリ版による謄写である。巖松堂版は，原典からの謄写資料であるから，資料価値としては，学振版と同等である。

(4) 決議案・整理案・確定案

「決議案」とは，総会もしくは法典調査会を経て議決された案を指す。「整理案」とは，法典調査会整理会に提出された議案を指す。「確定案」とは，法典調査会整理会を経て議決された案を指す。

「決議案」と「整理案」は，学振復刻資料群で用いられている名称であり，一般的に使われている名称と言って良いであろう[(110)]。これ

---

(108) 穂積文書目録第9部丁7。司法省の原本を借りだしたのではないかと考えられる。そうだとすれば，戦災での焼失を免れた唯一の議事速記録の原本だということになる。原本の体裁を知るための唯一の貴重な資料だと言えよう。
(109) 法典調査會編『法典調査会議事速記録』（巖松堂書店古典部，1932-1933）。
(110) なお，整理案について，穂積文書目録では，「整理会議案」という名称

第4節　明治民法期

に対して,「確定案」は,名称として一般的なものではない。整理会を経て議決された案を指すものとして,福島が「第一次整理確定案」との名称を使用していることから[111],これを一般的に表す名称として,筆者は,「確定案」という名称を用いることとした。

　決議案と整理案については,学振復刻資料群に収録されているが,いずれも一部分のみである。すなわち,決議案については,『法典調査会 民法決議案』(商事法務版13巻収録)として第1編第1章及び第2章の部分と,『民法整理決議案 第四編親族第五編相続』(商事法務版14巻収録)として第4編及び第5編が,収められているだけである。整理案については,『法典調査会 民法整理案』(商事法務版14巻収録)として収録されているが,1894年整理会の第二編第七章留置権以降と1895年整理会の整理案は収録されていない。

　これらの資料は,私文書中にも見出すことができる。しかし,私文書も,その内の一つを利用するだけでは,すべての議案を揃えることができない。例えば,穂積文書では,決議案については,第1編第3章以降と第2編を欠いているし,確定案については,一度目の整理会についての確定案があるのみである。

　しかし,穂積文書では,整理案が全て揃っており,この整理案を利用すれば,決議案・確定案の内容を確認することができる。整理案は,印刷された決議案もしくは確定案を使って,それに朱書きで修正を加えるという方法で作成されている。すなわち,図1-3のように,決議案と確定案(図1-3の左側)は,転用され,整理案(図1-3の右側)へと変わっている。朱書きがないものとして見れば,決議案・確定案の内容を知ることができるのである[112]。

　を用いている(穂積文書目録第7部)。
(111)　穂積文書目録第7部Ⅱ。
(112)　親族相続編の整理案について,『法典調査会 民法整理案』に収められているのは,朱書き修正を文章化した資料である。それとは別に,朱書き資料

第 1 章　民法立法史と立法沿革研究資料

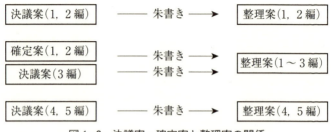

図 1-3　決議案・確定案と整理案の関係

　もっとも，1895 年の整理案については，整理会議事速記録と突き合わせると，朱書きが対応していない箇所が存在するので，利用上注意が必要である。最も注意が必要なのが，整理会議事速記録での整理案 586 条の挿入[113]が，穂積文書にはない点である。そのため，それ以降の条文番号も 1 条ずつずれることになる。その他にも，例えば，整理会議事速記録において，整理案 673 条に文言の挿入があるが[114]，穂積文書の整理案 672 条には，その挿入に関する朱書きが存在しない。これらの整理会議事速記録の該当箇所を見ると，「此ニ一箇条入レテ戴キタイ」，「一寸追加ヲ致シマス」との発言がなされており，会議の場において口頭で変更がなされているようにも思われる。そうであれば，朱書きが対応していないことも説明がつく。しかし，586 条以降，きちんと条文番号が 1 条ずらされて議論が進んでいるという事実もあり，この点からは，穂積文書の 1895 年の整理案は，整理会に提出されたものではなく，それよりも古い，前のバージョンである可能性も

　が存在する。
(113)　『法典調査会民法整理会議事速記録第四巻』94 丁裏（http://dl.ndl.go.jp/info:ndljp/pid/1367602/97）。
(114)　『法典調査会民法整理会議事速記録第四巻』118 丁表（http://dl.ndl.go.jp/info:ndljp/pid/1367602/119）。

ある。この点を明らかにするには、より詳細な検討が必要である。いずれにしても、整理会議事速記録と突き合わせると、対応していない箇所が存在する点には、注意が必要である[115]。

(5) **民法修正案理由書**

立法の際には、その立法趣旨を示す理由書が作られることが多い。立法趣旨は、解釈学を展開する際に大きな影響力を持つことから、理由書の資料的価値は高い。旧民法には正文に対する理由書が存在しているし、諸外国を見ても理由書を持つものが多い。しかしながら、明治民法に関しては、正文に対する理由書が存在していない。

そのような資料状況において、起草者の立法趣旨が示されている資料として用いられているのが、民法修正案理由書である。ここでいう民法修正案とは、法典調査会から帝国議会に提出された明治民法の法律案のことである。明治民法は、旧民法を修正したものと位置づけられるため、「(旧)民法修正案」という名称が使われている。なお、法典調査会において、「修正案」という名称が登場したが、これは、起草委員らが提出した原案を修正するための案である。両者を混同しないように注意しなければならない。

民法修正案理由書は、帝国議会に提出された民法修正案に対する理由書であり、公布された明治民法の正文とは、厳密には対応しない。また、民法修正案理由書は、第1編から第3編についてのものと、第4編と第5編についてのものとの、二つに分かれている。これは、民法修正案が、第9回帝国議会と第12回帝国議会の2度に分けて提出されたためである[116]。

---

(115) 本書で紹介する Article History は、整理会議事速記録に合わせた条文番号となっている。このため、Article History と公開している整理案のテキストデータでは、586条以降の条文番号が1条ずつずれている。
(116) 前3編の民法修正案理由書の作成経緯については、広中俊雄編著『民法

第1章　民法立法史と立法沿革研究資料

　民法前3編に関する修正案理由書として，現在，一般的に認知され広く利用されているのは，広中俊雄編著『民法修正案（前三編）の理由書』（有斐閣，1987）である。それまで，民法修正案理由書として広く用いられていたのは，『(以活版換謄写) 民法修正案理由書 附修正法典質疑要録』（以下，「附質疑要録版」と呼ぶ。「以活版換謄写」という表記がない場合もある。）であった。これに対して広中は，『未定稿本／民法修正案理由書 自第一編至第三編 完』（以下，「未定稿本」と呼ぶ。）の復刻をおこなっている。広中は，附質疑要録版と未定稿本を比較し，いくつかの具体的検討を示した上で，未定稿本の方が修正案理由書として有用であるとしている。

　広中が検討した二つの資料以外にも，民法修正案理由書，もしくは，それに相当する資料というのが存在する。本書では，未定稿本と附質疑要録版も含め，次の4つを挙げておく。

(A)『未定稿本／民法修正案理由書 自第一編至第三編 完』
(B)『(以活版換謄写) 民法修正案理由書 附修正法典質疑要録』
(C)『民法修正案理由書』（八尾新助，1898）（以下，「八尾版」と呼ぶ）
(D)『民法理由書（印刷）』（法政大学図書館所蔵梅謙次郎文書）（以下，「梅版」と呼ぶ）

　梅版のタイトルは，「民法理由書」となっているが，条文番号は公布された民法とは一致しない。民法修正案もしくはそれ以前の起草委員の原案に対する理由書となっている。

　八尾版の内容は，広中が復刻した未定稿本と差異がない。ページ番号，改行の位置まで，全く同一である。しかし，八尾版に関する資料沿革は，現時点でほとんどわかっていない。八尾版は，国立国会図書館に所蔵されており，国立国家図書館デジタルコレクションから公開されている。書誌情報にある八尾新助は，八尾書店という出版社をお

　修正案（前三編）の理由書』（有斐閣，1987）3頁以下。

こし，法律書を出版していた人物である。このことからすると，八尾版は市販されていたのではないかと考えられる。奥付には，「定価金一円」との表示も確認できる。

八尾版が未定稿本と同一だとすると，未定稿本の「禁販売及翻刻」の表示と合わなくなる。また，資料に対して非常に厳格な研究者として知られる広中が，未定稿本と同一である八尾版について言及していないことにも，疑問が残る。八尾版については，今後のさらなる調査が必要だと考えられる。

未定稿本と八尾版は内容が同一であるが，その他はすべて差異がある。民法修正理由書に相当する資料には，少なくとも3種のバリエーションがあることになる。これらの資料について，どのような目的でいかなる経緯で作成されたのか，判明していることは少ない。3種のバリエーションの差異を明らかにすることは，これらの資料の相互の位置づけを示すのに有用だと考えられる。さらに，差異を明らかにすることは，資料の作成経緯を明らかにするために役立つのではないかと考えられる。また，この3種の差異の検証は，今後新たな資料が発見された場合の検証の指針にもなりうると考えられる。

『民法修正案（前三編）の理由書』では，内容面についての比較検討がされているが，本書では，主として様式面からの検証をおこなうことにする。検証の結果，未定稿本・八尾版と附質疑要録版とが正反対の関係にあったので，最初に両者を比較しながら，様式面の検証を示すことにする。

まず，現在もっとも広く利用されている未定稿本およびそれと同一の八尾版には，修正理由のみしか書かれておらず，条文本文や参照法令は掲載されていない。これに対して，附質疑要録版では，条文本文と参照法令の両方がすべての条文で掲載されている。

次に，未定稿本・八尾版は，修正案の条文番号と一致しており，修正案理由書として，最も有用である。これに対して，附質疑要録版は，

第 1 章　民法立法史と立法沿革研究資料

表 1-4　附質疑要録版の構成（100 条まで）

凡例	
1〜40 条	1〜40 頁
凡例	
36〜83 条	1〜44 頁
凡例	
86〜97 条	1〜34 頁
100 条〜	1〜

表 1-5　附質疑要録版の構成（100 条以下）と，甲号議案，修正案との比較

内　　容	附質疑要録版	甲号議案	修正案
代　　理	100〜119 条	100〜120 条（甲 6 号）	99〜118 条
無効及ヒ取消	120〜126 条	121〜127 条（甲 7 号）	119〜126 条
条件及ヒ期限	127〜138 条	127〜138 条（甲 8 号）	127〜137 条
期　　間	139〜144 条	139〜144 条（甲 9 号）	138〜143 条
時　　効	145〜175 条	145〜175 条（甲 10 号）	144〜174 条
物権総則，占有権	175〜205 条	176〜208 条（甲 11 号）	175〜205 条
所有権	208〜238 条	209〜239 条（甲 12 号）	206〜238 条

条文番号が修正案とは一致せず，条文番号の重複もある。

　さらに，附質疑要録版は，ページ番号が通し番号になっておらず，ところどころで，ページ番号が 1 ページ目にリセットされる。この点について，100 条のところまで示すと，**表 1-4** のような構成になっている。この表を見ると，条文番号がずれる部分でページ番号がリセットされていることがわかる。この構成は，起草委員の原案である甲号議案と全く同一である。主査会甲号議案は，3 号が 1〜40 条，4 号が 36〜83 条，5 号が 86〜97 条，となっており，その後一本化された法典調査会の甲 6 号は 100 条から始まる。附質疑要録版には，条文本文

と参照条文が付された上で理由が書かれており，この点も甲号議案と同じである。すべて一言一句を確認したわけではないが，内容も甲号議案と同じだと思われる。

しかし，甲号議案と一致するのは，97条までであり，代理の規定である100条以降は，条文番号が甲号議案と一致しなくなる。その一方で，甲号議案に準拠した形で，ページ番号のリセットがされている。すなわち，附質疑要録版は，内容ごとにページ番号がリセットされ，その区切り方は，甲号議案の区切りと一致する。

表1-5は，以上の事実を整理して示したものである。表では，附質疑要録版のページ番号区切りごとに行を設けている。内容ごとにページ番号がリセットされており，甲号議案の区切りと一致していることがわかる。その一方で，条文番号は甲号議案と一致していないし，修正案とも一致していない。

さらに，凡例についても差が見られる。凡例における違いは，3点である。①凡例の項目が附質疑要録版は8までであるが，未定稿本・八尾版では10まである。②凡例項目7番について，附質疑要録版では，「米」までしかないが，未定稿本・八尾版では，「紐」・「加」・「亞」・「印」が追加されている。③凡例項目8番について，附質疑要録版では，「草」と「一草」しか書かれていないが，未定稿本・八尾版では，「二草」の記載がある。

ただし，表1-4で示した通り，附質疑要録版では凡例が3箇所あり，上記で示したものは，最初の凡例についてである。2回目と3回目の凡例では，①項目は8までであるが，②項目7番について，「印」まで追加されており，③項目8番について，「二草」までの記載がある。

以上，条文本文の有無，参照法令の有無，ページ番号の状態，凡例の四つの項目について，梅版も含めて整理したのが，表1-6である。未定稿本・八尾版と附質疑要録版とが，これらの項目において全く異なることは最初に述べたとおりであるが，梅版は，両者の要素が混ざ

第 1 章　民法立法史と立法沿革研究資料

り合った関係にある。すなわち，梅版は，基本的に条文本文が掲載されているが，269 条以降で一部条文本文が掲載されていない箇所がある。これに対して，参照法令に関する記載は全くない。ページ番号は，附質疑要録版と同様に区切られている。凡例は，附質疑要録版の 2・3 回目の凡例と同じく，①項目は 8 までであるが，②「印」までの記載と③「二草」の記載がある。

　以上，修正案理由書について，様式面についての簡単な比較検討を試みた。『民法修正案（前三編）の理由書』の登場により，修正案理由書について議論されることはほとんどなくなったように思われる。確かに，内容だけを考えれば，未定稿本は，修正案理由書として最も有用であると思われる。しかし，八尾版の存在をはじめ，未定稿本以外の修正案理由書の位置づけについては，まだ疑問が残されている。梅文書以外の私文書にも修正案理由書は存在しており[117]，それら含めて比較検討をおこなうことで，それぞれの修正案理由書の位置づけを明らかにできるのではないかと考えている。この点，当然のことながら，本書の検討だけでは，比較対象も比較項目も不十分であり，今後の課題としたい。

表 1-6　理由書比較まとめ

	条文本文	参照法令	ページ番号	凡　例
未定稿本(A)・八尾版(B)	なし	なし	全部通し番号	① 10 ②印③二草
附質疑要録版(C)	あり	あり	区切られている	① 8 ②米③一草
梅版(D)	あり／なし	なし	区切られている	① 8 ②印③二草

---

[117]　箕作麟祥民法修正関係文書のほか，法政大学ボアソナード記念現代法研究所所蔵西田忠之文書中にも『民法理由書』というタイトルの上中下の 3 冊本が存在する。

第 4 節　明治民法期

(6) 帝 国 議 会

　第 1 編から第 3 編についての審議である第 9 回帝国議会と，第 4 編と第 5 編についての議論である第 12 回帝国議会のそれぞれについて，会議録が存在している。衆議院・貴族院それぞれの本会議のみならず，実質的な審議をおこなったそれぞれの委員会についても，会議録がある。

　第 9 回帝国議会の会議録に関しては，解題付きの復刻資料があり[118]，これが利用されることが多い。現在は，帝国議会の会議録は，国立国会図書館が提供している「帝国議会会議録検索システム」（http://teikokugikai-i.ndl.go.jp）から閲覧できる[119]。さらに，国立国会図書館が提供している「日本法令索引」を利用すると，会議名や号数を知らなくても，該当部分を読むことができる[120]。

---

[118]　広中・前掲注(31)。
[119]　ただし，第 9 回帝国議会の貴族院の民法中修正案特別委員会については，ここには存在していないようである。広中・前掲注(31)でも，この部分は収録されておらず，78 頁に簡単な記載があるのみである。
[120]　この点については，民法史料集の説明の 2 章 3 節(3)で述べる。

第2章　明治民法情報基盤

第1節　既存の資料集の分析

　前章で示した資料の多くは，復刻や翻刻により，多くの研究者が容易に閲覧できる状態になっている。1980年代から，さまざまな貴重書が復刻され始めた。復刻された資料の多くは，単なるコピーにとどまらず，民法の歴史的な姿を描き出せるように，様々な工夫がなされている。

　しかし，その一方で立法資料を研究に幅広く活用できる環境は，まだ十分に整備されていない。多くの資料の関係を把握し，相互に参照しながら見落としなく研究を進めていくことは，高度な知識が必要とされる上，手間と時間がかかってしまう。立法沿革研究のための新たな基盤を構築することが，今後の研究にとって必要であろう。

　新たな基盤を構築するにあたって，まずは既存の資料集の特徴，長所と短所を整理したい。そして，そこから，資料に求められていることを明らかにする。すでに前章で言及した点についても，再度簡単に触れていくことにする。

① 　法務大臣官房司法法制調査部監修『日本近代立法資料叢書1～16』（商事法務研究会，1983-1989）

　民法の立法沿革研究において，最も多用されている資料であろう。この資料は，日本学術振興会が昭和9年から5年間かけて司法省に所蔵されていた立法関係資料をタイプライターにより謄写したいわゆる「学振版」と呼ばれる資料群を翻刻したものである（第1章第2節(2)参照）。学振版は，全国8ヶ所でしか見ることができず，研究者が利用

するには不便であったが、翻刻資料が出版されたことにより、非常に研究に利用しやすくなった。

しかし、資料の掲載順序が時系列になっていないためわかりにくく、しかも解題がないため、同資料だけでは資料の位置づけが全くわからないことが、問題としてあげられる。また、翻刻であるため原資料と厳密に同一ではなく、研究資料として問題があることも指摘されている。

② 広中俊雄編著『民法修正案（前三編）の理由書』（有斐閣、1987）

本資料も、民法の立法沿革研究において、多用される資料の一つである。数種ある民法修正案理由書の中で、最も正文に対する理由書に近いものを復刻した資料であり、各規定の立法趣旨を知るために非常に便利なものとして使われる（第1章第4節(5)参照）。この資料には、広中による詳細な解題が付されており、資料の位置づけがわかるようになっている。また、コピーによる復刻であるため、資料の原典性を維持している。

しかし、この民法修正案理由書には、起草理由しか書かれておらず、対象となる条文（修正案）が書かれていない。そのため、修正案を見る場合には、資料を別に用意しなければならない。また、修正案理由書では、旧民法の条文番号が参照されているが、旧民法の条文を確かめるには、やはり資料を別に用意しなければならない。このように、資料を読む上で必要不可欠な資料が、一緒には提供されていないという問題がある。

③ ボワソナード民法典研究会編『ボワソナード民法典資料集成』
（雄松堂出版、1998-2005）

この資料は、旧民法の立法過程に関する資料集であり、プロジェやその和訳をはじめ、旧民法期における様々な資料を復刻している。各

第 1 節　既存の資料集の分析

資料には,それぞれに詳細な解題が付されており,それぞれの位置づけがわかるようになっている。また,コピーによる復刻であるため,資料の原点性を維持している。

しかし,プロジェ第二版やエクスポゼなど,他所で復刻刊行されている一部の資料は,復刻の対象となっていない。また,様々な資料を扱っている反面,それら資料の相互関係は,書籍の巻数などの情報からはわからず,解題を詳細に読んで理解する必要がある。

④　広中俊雄編著『日本民法典資料集成1』(信山社,2005)

この資料集の最大の特徴は,明治民法の編纂事業の全過程にわたる,所在の異なる関係資料が,時系列に通巻で整理,集成されていることである。各資料には,詳細な解題も付されている。しかも,カラーの写真コピーでの復刻を採用している点で,②や③以上の原典性を有している。さらに,条文の変遷をたどるための,変遷表の提供が構想されている[121]。

しかし,これはまだ構想段階に留まり,予定されている全15巻のうち1巻だけが刊行され,続刊はまだ刊行されていない。

⑤　前田達明監修『史料債権総則』(成文堂,2010) 等[122]

民法の研究においては,特定の条文に着目して研究をおこなうこと

---

(121)　広中・前掲注(28)Ⅶ頁。なお,七戸克彦「旧法・現行民法の条文対照――付・条文対照表(旧民法財産編総則・物権部)」法学研究69巻1号 (1996) 111頁以下では,条文の変遷一覧表が,民法の特定の箇所についてのみであるが,提供されている。しかし,同資料は,条文番号のみの提示であり,議事速記録などの関係資料とのリンクは考慮されていない。

(122)　この他,前田達明他「〈史料〉物権法1」判タ598号 (1986) 166頁以下の「〈史料〉物権法」全4回や,民商法雑誌で,「〈史料〉共有法1〜6」,「〈史料〉地上権法1〜3」,「〈史料〉永小作権法1〜4」,「〈史料〉地役権法1〜7」,「〈史料〉留置権法1〜2」などがある。

第2章 明治民法情報基盤

が通常である。この点で、起草過程全体が時系列になっていることに加えて、個々の条文ごとに必要な情報がまとまっていると、利便性が高まる。④で構想されている条文の変遷表は、この要請に応えるものと考えられる。すなわち、変遷表に記されているページ数をたどることで、条文ごとに資料を見ていくということができる。

条文ごとに見ていくという要請を部分的に実現しているのが、前田らの資料である。この資料では、原案、審議録、参照した外国法、修正案理由書といった散在する関連資料を条文ごとに一箇所に集めて提供している。

しかし、この資料は、原典そのものを示すのではなく、要約や翻訳がなされている点で、復刻や翻刻とは全く異なり、①～④までとは性質を異にする。また、民法全体ではなく、特定の分野に限られているという問題もある。

以上、代表的・特徴的な資料として、5種類を挙げた。その中でも④は、従来の復刻資料の問題点が解消されており、復刻資料の現在の到達点であると評価しうるものである。そこで、④を基準としながら、資料に求められていることを整理することにする。

第1に、関連した資料をひとまとまりにして提供することが求められている。一定の視点で、資料をひとまとまりにして提供するというコンセプトは、ほとんどの資料に見られる[123]。この点、②は、単一資料の復刻であり、実際に資料を適切に利用するには不十分であることは、問題点としても言及した。また、③では、資料をひとまとまり

---

(123) 民法の立法沿革から少し外れるが、星野通編著『民法典論争資料集』（日本評論社、復刻増補版、2013）も、資料集の方式として注目に値する。これは、民法典論争の際に様々なところに掲載された論稿を一箇所に集めて提供するものである。しかも、時代を三つに区分した上で、延期派と断行派に分類して提供している。

第1節　既存の資料集の分析

にして提供するというコンセプトはあるものの，それが徹底されず，一部の資料が含まれていないことが，利用する上ではわかりにくい。

　第2に，原典性が求められている。この点，翻刻資料である①において，原資料と厳密に同一ではなく，研究資料として問題があることが指摘されている。翻刻の際に，誤字・誤植が発生している可能性があり，原資料にはなかった濁点及び半濁点が付されているという点や，原資料の誤字等が修正されているという点も，原資料と異なってしまっている（第1章第2節(2)参照）。⑤も研究資料として使うことは難しい。①や⑤でおこなわれている処置は，利便性の向上に大きな意味を持つが，研究上での利用という点では，問題となってくる。

　第3に，各資料の位置づけがわかることが求められている。立法沿革研究という場面では，時系列で資料を位置づけることが基本となる。この点①は，巻数が時系列とは無関係であるため，非常に利用がしにくい。また，旧民法期の資料集成である③においては，「前期1〜2」「後期1〜4」という6種類の時期に分けて背表紙に表記しているが，同じ区分に属する資料間の関係などはわからず，この区分だけで資料を適切に位置づけることはできない。もっとも，③には詳細な解題が付されているため，これを読解することにより資料を適切に位置づけて利用することができる。しかし，解題を読まなければならないという仕組みは，利用しやすいとは言えない。

　第4に，条文ごとに資料を見ることができることが求められている。全体の時系列では，1条の次に2条，2条の次に3条という順序で審議が進む。しかし，民法研究においておこなわれる調査は，条文ごとに立法沿革を追うことである。例えば，第1条についてだけ，主査会，総会，整理会，という時系列で調査するという方法である。この点を考慮しているのが⑤であり，④で構想されている条文の変遷表もこれに当たる。

　以上，従来用いられてきた主要な資料について，それぞれの資料が

第2章 明治民法情報基盤

持つ利用上の長所や問題点を挙げ，資料に求められる機能を分析した。これらをまとめると，(a)所在の異なる様々な資料が1ヶ所に集められている，(b)原典性がある，(c)資料の位置づけがわかる，(d)条文ごとに資料を見ることができる，という点が，立法沿革研究資料に対して必要なものとして求められていると考えられる。

第2節　明治民法情報基盤のコンセプト

　明治民法情報基盤の構築にあたって，立法沿革研究資料に対して必要なものとして求められている4点が，まずはコンセプトとなる。すなわち，(a)所在の異なる様々な資料にワンストップでアクセスできる，(b)原典の画像を参照できる，(c)位置づけがわかるように資料を配列する，(d)条文番号から必要な資料を参照できる，という4点である。

　ワンストップアクセスについては，旧民法と明治民法の関係性を考慮すれば，両者を通覧することが必要である。さらに，原典の画像が参照できるようにすると，原典資料は，概して1ページあたりの文字数が少ないこともあり資料のページ数は，膨大な量となる。このような物理的な制約を考慮すると，資料を電子データで提供することが必要となってくる。

　次に，資料の配列について，単純な時系列だけを表すのであれば，『日本民法典資料集成』のように，通巻にすることでわかりやすく示すことができる。しかし，資料の利用の仕方は，時系列という視点のみでは不十分である。例えば，旧民法の資料で，原文のフランス語資料と和文資料を対比して見る場合，時系列以外の視点が必要となる。すなわち，時系列を縦方向に取ったとすれば，対応する資料同士を横に並べるという配置が必要となる。このように時間軸を基本としつつそれ以外の多様な情報を適切に示すためには，図表化や階層化することが必要となる。図表化・階層化して資料を配列することは，従来の書籍ベースの管理では難しく，この点の解決もまた，電子データで提

供することが有効な手段となる。

　また，資料全体を時系列に配列することと，条文ごとに資料を参照できるようにすることは，別個の配列方法であるため，書籍をベースに考えれば，両者を一度に実現することはできない。『日本民法典資料集成』のように，全体としては資料を時系列に配列した上で，条文ごとの資料の参照については別の表を用意して，言わば補助的に提供することになるだろう。この場合，参照表に記載されている該当の巻数ページ数に従って，複数の資料を開き該当箇所をめくっていくことになる。この該当ページを開くという行為は，条文の変遷の流れを見ていく際に，大きな障害となる。なぜなら，ページをめくって探しているうちに，思考が途切れてしまうということがあるからである。参照関係が複数であるなど複雑な関係となれば，条文の変遷を追うことは，さらに負担となる。しかし，電子データであれば，インターネットで馴染みがあるハイパーリンクに見られるように，クリックするだけでアクセスして該当するものを閲覧することができる。すなわち，時系列の配列と条文ごとの配列の両方を用意して，どちらからも瞬時に該当資料を参照できるようにすることができる。

　以上のように，明治民法情報基盤の構築にあたっての４つのコンセプトを満たすためには，電子データを利用することが有効である。しかし，資料を単に電子化すればよいというわけではない。確かに，従来の資料の大部分が紙であり，これを電子化するだけでも，大きな効果がある。例えば，研究上利用する大量の資料を手元に置いておかなくても良いということが挙げられる。『日本民法典資料集成』はたった１巻だけでも1500頁あるとても分厚い書籍である。これが全15巻刊行予定とされている。そして，この資料集成は，明治民法に関する部分のみであるため，さらに旧民法の資料として，『ボワソナード民法典資料集成』や『日本近代立法資料集成』の法律取調委員会議事筆記等も合わせれば，膨大な資料を手元において置かなければならない

第2章　明治民法情報基盤

ことがわかる。これが，電子化により物理的なスペースの問題を考慮しなくても良くなる。また，文章をテキストデータにすることができれば，検索や加工が容易になる。

しかし，資料を画像データやテキストデータにするだけの単なる紙の資料の電子化では，従来の法学研究の問題点をすべて解決することはできない。すなわち，資料相互の関係を的確に把握し，関係する該当箇所を瞬時に参照するという，資料の利用上の問題を解決することは，単なる電子化では実現できない。明治民法情報基盤は，単なる電子化を越えてさらに手を加えることで，資料に関するより多くの問題を解決しようとするものである。

また，明治民法情報基盤のコンセプトは，キーワード検索を主体としたデータベースシステムとは異なる。キーワード検索は，現在の学術基盤を支える重要な要素である。身近な例で言えば，図書の検索システムであるOPACは，書籍を探索する上で欠かすことはできない。データベースを使いキーワードで検索することで，自分が知らない資料も見つけることができる可能性がある。

しかし，その反面，検索として入力すべきキーワードに大きく依存するし，資料の位置づけや重要度，資料相互の関係などは，なかなかわからない。例えば，国立国会図書館のデジタル化資料の検索画面で，「法典調査会 民法議事速記録」と入力して検索すると，全65巻すべてが検索結果として表示される。しかし，このキーワードを使って民法議事速記録を見つけたとしても，主査会などの他の議事速記録にたどり着くためには，改めてキーワードを入力して検索しなおさなければならない。しかも，検索システムの性質上，資料のタイトルを正確に入れる必要がある。例えば，「民法速記録」と検索しても，資料は見つからない。また，キーワードが少なすぎても不便となる。例えば，「法典調査会 議事速記録」だけでは，他の法律の議事速記録も検索結果に表示され，その中から必要な資料を探し出さなければならない。

国立国会図書館のデジタル化資料を利用するためには、日本近代立法資料群に関して、相応の知識が必要とされるのである。これは、検索を主体とするデータベース一般に当てはまる。

キーワード検索は、情報の中において「点」であり、コンテキストを生み出すためには不十分である。奥行きのある研究を進めるためには、資料をどのような流れの中で見るかという「視座」と、その「視座」を有効に機能させるための仕組みが必要なのである。検索式データベースでは、立法沿革研究において必要とされる時系列（クロノロジカル）などの「視座」を提供することは難しい。「視座」を提供することに繋がる(c)および(d)のコンセプトは、立法沿革研究において必要とされる重要な要素であり、検索式データベースと異なる特徴的なコンセプトである。

以上の点を踏まえたものとして、明治民法情報基盤を電子上で構築し、公開した（http://www.law.nagoya-u.ac.jp/jalii/meiji/civil/）。明治民法情報基盤は、「民法史料集」と「分析ツール」に大きく分かれている。「民法史料集」は、散在している必要な資料を一箇所に集めて時系列や対応関係に沿って配列して提供するものであり、(a)(b)(c)のコンセプトに基づいている。「分析ツール」は、特定の目的に特化して利用できるように独自の加工を加えて提供するものであり、主として(d)のコンセプトに基づきながら、(a)(b)のコンセプトにも配慮して設計している。

第3節　民法史料集

(1) 民法史料集の概要

「民法史料集」は、散在している必要な資料を一箇所に集めて時系列や対応関係に沿って配列して提供するものであり、(a)(b)(c)のコンセプトに基づいている。「民法史料集」を利用することにより、明治期の民法編纂に関する主要な資料すべてについて、資料の位置づけを

意識しながら，原典を画像で確認することができる。

　原典の画像の閲覧については，国立国会図書館や国立公文書館などが提供している資料画像データへリンクすることで実現している。国立国会図書館や国立公文書館は，所蔵する資料の画像をインターネットで公開しており，貴重な資料の原本画像を，どこからでも簡単に閲覧できるようになっている。しかし，これらのサイトから資料にアクセスするには，キーワード検索をして，資料を検索結果として表示する必要がある。このアクセス方法の問題点については，前節で述べたとおりである。「民法史料集」では，図表を用いて各資料を配置し，各資料へリンクすることで，既存の利用形態の問題点を解決している[124]。クリックするだけで瞬時に該当の資料を閲覧することができるため迅速であるし，各資料の位置づけを混乱することなく的確に利用できる。

(2) **資料の配置**
(i) **配置の概要**

　「民法史料集」の資料の配置は，①前史，②旧民法期，③明治民法期，④共通資料の四つに大きく区分されている。①から③の時代区分の目安を示すと，①明治維新後から民法編纂局設置まで（1868～1880年），②民法編纂局設置後から旧民法公布まで（1880～1890年），③法典調査会設置後から明治民法公布まで（1893～1898年）となっている。しかし，年号によって資料を区切っているわけではない。例えば，ボワソナードの講義録の１つである『仏国民法売買編講義』の印刷年は

---

(124) 国立国会図書館デジタル化資料の問題点と利用可能性については，佐野智也「新たな研究基盤としての国立国会図書館デジタル化資料（法典調査会民法議事速記録等）」名古屋大学法政論集 247 号（2012）横書き 161～170 頁を参照。なお，同稿で指摘した検策結果の並び順の問題については，その後改善がされている。

第3節　民法史料集

1883年であり，年号は民法編纂局設置以後であるが，他の講義録との関係上，前史の方に置いている。②旧民法期と③明治民法期では，さらに財産法関係と家族法関係に大別されている。④共通資料は，①から③のいずれかに区分するのが難しい資料をまとめている。

それぞれに区分した上で，さらにカテゴリを設けて資料を分類し配置している。それぞれのカテゴリの中でも，さらに分類されており，全体を階層構造にして，情報を示している。また，立法過程の部分では，複雑な過程をわかりやすく表すために，表を用いて配置している。

民法史料集の大区分と，例として旧民法期の財産法関係のカテゴリごとの分類を示すと，以下のようになる。

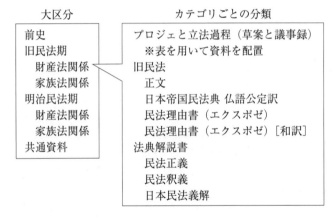

筆者のこれまでの研究は，立法過程に直接関わる部分の資料のみを対象としているため，前史の部分や法典解説書に関する部分は，それほど充実しているわけではない。また，民法典論争については，完全に対象外となっている。これらについては，今後の課題と言えよう。

(ii)　旧民法期の財産法関係

旧民法期財産法関係の表は，大久保泰甫＝高橋良彰『ボワソナー

第2章　明治民法情報基盤

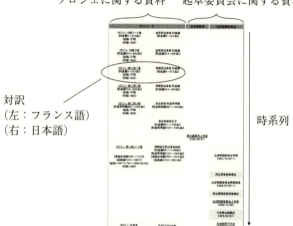

図2-1　旧民法期の表

ド民法典の編纂』（雄松堂出版, 1999）8頁の図を基にし, そこに「ボワソナード」の列を追加し, プロジェとそれに対応する和訳資料を配列している（図2-1）。各項目は, 青, 黄, 赤の3色の背景色で分けられている。黄色は草案や議案といった条文案の類, 青色は会議や意見といった文章群, 赤色は公布を表している。この色分けは, 立法過程を示すすべての表に共通する。

プロジェとその和訳の対応関係や, それぞれの資料の時系列については, 厳密に相互の関係を表していないことに注意が必要である。第1に, 表では, プロジェ各版とその和訳を対応させて書いてあるが, 実際は完全な対応関係にはない。和訳が対応関係にないことは, 本書でもすでに述べたところである（第1章第3節(1)）。しかし, 利用の際は, 相互に付き合わせて見ることが想定される。そこで, ある程度の対応関係が見いだせるもの同士を左右に対応させて示している。

第 3 節　民法史料集

　第 2 に，法典編纂局上申案は，実際は 3 年間にわたるものを一つにまとめている点で，時系列の抽象化をしている。これは，最初に下付された上申案と再下付された上申案は同じであるとされており，議事録も残されておらず，細かく項目を設けても載せるべき資料がないためである。また，細かく分けると表自体が冗長になり，かえってわかりにくくなってしまうという問題もある。こういった事情を考慮して，一つにまとめることにした。

　第 3 に，「民法草案修正文」と「民法草案」，「プロジェ・第二版 4・5 巻」と「民法草案議事筆記」，「プロジェ・22 年本」と「元老院再下付案」がそれぞれ同じ横軸に位置しているが，これも完全に同一の時期であることを意味しているわけではない。先ほどと同じく，別の行を設けると表自体が冗長になってしまうという問題があるため，便宜的におおよその時期で合わせてある。時系列については，資料の日付が不明である場合が多いことも，おおよその時期で合わせざるを得ないことの一因となっている。また，プロジェについては，起稿年を基準とするのかそれとも印刷年を基準とするのかでも判断が分かれる。ほとんどの資料は起稿年が不明であるが，表の作成にあたっては，起稿年を重視している。その理由は，プロジェと法律取調委員会民法草案議事筆記の接続を考慮したためである。法律取調委員会民法草案議事筆記では，債権担保編までの議論が含まれている。そのため，プロジェ第二版 4 巻までの内容は，この時点である程度完成していたことになる。しかし，印刷年を基準とすると，法律取調委員会民法草案議事筆記よりもかなり下の方に位置させることになってしまう。この点を考慮して，時系列を組んである。

(iii)　旧民法期の家族法関係

　旧民法期の家族法関係は，財産法部分とは全く別個独立の手続きであったため，「民法史料集」でも別個のページを設けている。旧民法期家族法関係は全体として一つの手続きで起草されているため，基本

第2章　明治民法情報基盤

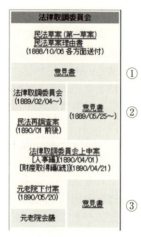

図2-2
旧民法期家族法関係の表

的には，時系列一本で表すことができる。「民法史料集」では，さらに草案に対する意見書を資料として加えて表を作成している（図2-2）。

草案に対する意見書は，日付が不明なものもある（第1章第3節(6)参照）。また，意見書が草案の修正において具体的にどのように扱われたのかについても明らかではない。そのため，日付が記されている意見書であっても，資料間の対応関係を示すためには，内容の詳細な検証が必要であろう。これらの理由から，表においても意見書の時系列と対応関係については，厳密なものとはしていない。

「民法史料集」では，意見書を大きく3種に区別している。図中①の意見書は，第一草案に対応する意見書のうち，作成日付が不明なものである。具体的には，『民法編纂ニ関スル裁判所及司法官意見書 上／下』と『民法草案意見書 人事相続』を配置している。これらの資料は，厳密には，明治22(1889)年2月4日から開始される法律取調委員会に先立つ資料であるかどうかは定かではない。しかし，第一草案に対応する形で作成されている点を考慮し，第一草案の直後に配置している。

図中②の意見書は，第一草案に対応する意見書のうち，作成日付が記されているものである。具体的には，『民法ニ関スル諸意見綴込』を配置している。『民法ニ関スル諸意見綴込』は，明治22(1889)年5月25日から明治23(1890)年3月13日までのものが一綴りになっている。再調査案完成後の日付の意見書は，再調査案の条文番号と第一草案の条文番号の両方が記されている。日付を基に欄を分けることも

第3節　民法史料集

考えられたが，内容が対応しているか明らかでないことを踏まえれば，一綴りの資料は一つのままにした方が良いと考えられる。そこで，図中②の意見書は，日付を厳密に区別せず，法律取調委員会上申案完成までの審議に対応するものとして配置している。

図中③の意見書は，法律取調委員会上申案ないしは元老院下付案に対応する意見書のうち，作成日付が不明なものである。具体的には，『民法編纂ニ関スル裁判所及司法官意見書 中』を配置している。日付が不明であり，元老院での審議との関係も不明であるが，便宜的に元老院と平行して配置している。

(iv)　明治民法期の財産法関係

明治民法の起草過程は，手続きが途中で変更されていることと，総則編物権編に関しては整理会を2度経ていることで，調査する条文によって見るべき資料が異なる（第1章第1節(2)参照）。財産法関係明治民法期の表は，その起草過程を踏まえて，三つのグループに分けて構成している。第1が2段階で審議されたグループ，第2が一本化された後に審議され整理会を2回経ているグループ，第3が一本化された後に審議され整理会を1回経ているグループ，の三つである。この区分を基にして，議案と議事録を時系列に並べたものが，明治民法期財産法関係で用いられている表である（図2-3）。この表で用いられている議案と議事録の名称については，第1章第4節(4)を参照されたい。

民法の内容に関する審議の表の前に，法典調査会の方針に関する資料を示した表を別個に置いている。ここには，「法典調査規程」，「法典調査ノ方針」，乙号議案についての審議が含まれている（第1章第4節(1)参照）。

審議の際に提出された修正案は，甲号議案の項目の中に配置している。修正案は，現在のところ，『民法第一議案』に甲号議案とともにまとめられているもののみを掲載している。修正案は，審議の際に必要に応じて提出されるので，本来はそれぞれが個別の資料であるが，

第2章　明治民法情報基盤

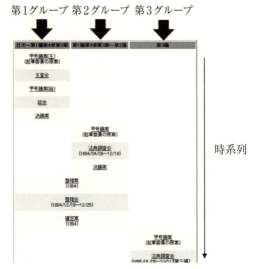

図 2-3　明治民法期の表

「民法史料集」で公開しているテキストデータでは，そのような区別をせず，修正案として一括して扱っている。これは，掲載上の都合であり，個別に分けると項目数が多くなりすぎ，見づらくなってしまうためである。

(v)　明治民法期の家族法関係

明治民法期の家族法の審議は，財産法に引き続いておこなわれており，旧民法期のように別個独立の手続きとはなっていない。そのため，財産法で用いている表と分ける必要はなく，むしろ明治民法期全体を捉えるためには，同時に提供すべきであろう。しかし，2段階審議の手続きがあった財産法と一緒にすると，非常に単純である家族法部分の起草手続きが，かえってわかりにくくなるおそれがある。また，公布は，財産法と別個に行われている。さらに，旧民法期の家族法部分

84

第 3 節　民法史料集

との連携を考慮する必要もある。このような考慮に基づいて，旧民法期と同様に財産法とは別個にページを設けている。しかし，財産法の起草手続きと一体であることは，使用する上で注意が必要であろう。

(3) **資料へのアクセス**

以上のように配置されている個々の項目をクリックすると，さらに詳細を選択するウィンドウがポップアップする（図2-4）。ポップアップしたウィンドウ内も，さらに項目が分かれている。大きくは，国立国会図書館や国立公文書館等が公開している画像へのリンクと，テキストデータ等のダウンロードに分かれている。

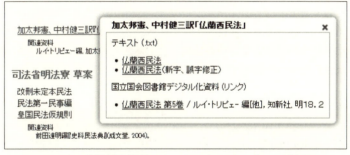

図 2-4　詳細を選択するウィンドウのポップアップ表示

画像のリンク先のほとんどは，国立国会図書館デジタルコレクション[125]である。この他に現在リンク先として使っているのは，国立公文書館デジタルアーカイブ[126]，Gallica[127]，インターネット・アーカ

---

(125)　http://dl.ndl.go.jp/。
(126)　http://www.digital.archives.go.jp/。
(127)　http://gallica.bnf.fr/。

第 2 章　明治民法情報基盤

イブ[128]，Google ブックス[129]，早稲田大学リポジトリ[130]である。

　国立国会図書館デジタルコレクションをはじめ，提供サイトの多くは，資料中の各ページに対してリンクを付けることが可能となっている[131]。「民法史料集」では，これを利用して，一つの資料を細分化して示している場合もある。例えば，甲号議案は，『民法第一議案』という一つの資料にすべて収録されているが，1号ごとに分けて表示している。

　これらとは少し性質の異なるリンク先として，国立国会図書館日本法令索引へもリンクしている。明治民法での帝国議会の段階について，このリンク先を用いている。日本法令索引は，法律ごとに会議録索引情報として，審議した院，その会議名，開催日などの審議経過に関する情報を掲載している。さらに，その会議録の該当箇所を PDF で閲覧することができるようにもなっている。これは，明治民法情報基盤のコンセプトに合致する情報提供方法であるため，明治民法情報基盤では独自に索引を作らず，日本法令索引をリファーしている[132]。

---

(128)　https://archive.org/。

(129)　http://books.google.co.jp/。

(130)　http://dspace.wul.waseda.ac.jp/dspace/。早稲田大学は，リポジトリを利用して，同大学図書館所蔵の貴重書である大隈重信関係資料を公開している。大隈重信関係資料内に，国立国会図書館等からは公開されていない第一草案に関する資料が含まれている。

(131)　例えば，国立国会図書館デジタルコレクションの「法典調査会 民法議事速記録 第 1 巻」には http://dl.ndl.go.jp/info:ndljp/pid/1367527 という URL が割り当てられており，その 53 枚目の画像には，http://dl.ndl.go.jp/info:ndljp/pid/1367527/53 という URL が割り当てられている。

(132)　ただし，2016 年 2 月時点において，日本法令索引には問題がある。衆議院の後に貴族院で審議されるが，貴族院の方が衆議院の上に来てしまっているため，上から順に時系列で並んでおらず，利用する際にわかりにくい。

好評新刊

旧刑法〔明治13年〕(4)(4)-II
西原春夫・吉井蒼生夫・藤田正・新倉修 編著
◎わが国初の近代刑法制定資料集完結!
制定資料を網羅的に考証・解説する

行政手続法制定資料全集(1)〜(16)
塩野宏・小早川光朗 編著
◎昭和23年全面改正刑訴法案関係資料

刑事訴訟法制定資料全集
井上正仁・渡辺咲子・田中開 編著
◎昭和23年全面改正刑訴法案関係資料 [昭和刑事訴訟法編](13)

民事訴訟法〔明治23年〕(5)
松本博之・徳田和幸 編著
◎明治23年民訴法の複雑な制定経過を整理

民事勝訴判決 20選
全国難民弁護団連絡会議 監修
渡邊彰悟・杉本大樹 編集代表
◎公正な難民認定制度の構築のために

難民訴訟の司法判断の比較分析
行政判断と司法判断の比較分析

民事訴訟法の継受・改正史と解釈論争史
松本博之 著(大阪大学名誉教授)

憲法講義〔人権〕
赤坂正浩 著(立教大学法学部教授)
◎憲法上の権利を最小単位に分類・説明

法律学講座

金融担保の法理
鳥谷部茂
◎物的担保の優先権の公平性と実効性

学術選書

1996〜2005年の主要86判例を掲載
ドイツの憲法判例 III
Wichtige Entscheidungen des Bundesverfassungsgerichts
ドイツ憲法判例研究会 編
栗城壽夫・戸波江二・嶋崎健太郎 編
6800円 B5判・並製・656頁 ISBN978-4-7972-3347-6 C3332

フランス憲法判例集第2弾
フランスの憲法判例 II
Les grandes décisions du Conseil constitutionnel de la France
フランス憲法判例研究会 編
辻村みよ子 編集代表
5600円 B5判・並製・440頁 ISBN978-4-7972-3348-3 C3332

サ高住の探し方（サービス付き高齢者向け住宅）
消費生活マスター介護問題研究所 著
本澤巳代子 監修
◎悔いのない住まい探しのガイドブック

佐伯千仞著作選集 全6巻
佐伯千仞 著
◎佐伯刑法学を代表する論文を精選収録
1 刑法の理論と体系
2 違法性と犯罪類型、共犯論
3 刑事法の歴史と思想、陪審制
4 責任の理論
5 生きている刑事訴訟法

水谷英夫 著
QA 労働・家族・ケアと法
—真のWLBの実現のために—

ドイツ憲法集〔第7版〕
初宿正典・高田敏 訳編
◎2014年12月第60回改正を反映

環境法講義〔第2版〕
高橋信隆 編著
◎環境問題を法的思考で考えるために

医事法講義〔所謂第3版〕
前田和彦 著(九州保健福祉大学薬学部教授)
◎医事法実務を広くかつコンパクトに解説の最新版

信山社 113-0033 東京都文京区本郷6-2-9-102 東大正門前
TEL 03-3818-1019 FAX 03-3818-0344 order@shinzansha.co.jp

実務書

「待ったなし」の年金改革アップデート版
年金改革の基礎知識（第2版）
石崎 浩 著

四六変・並製・240頁 / 2000円

過去10年分の司法試験問題の解説と解答例
労働法演習（第2版）司法試験問題と解説
川口美貴 著

A5判・並製・192頁 / 1800円

120年ぶりの大改正が2時間で分かる
民法（債権関係）改正法案のポイント解説
新旧条文対照表付

法曹親和会民法改正プロジェクトチーム 編

A5判・並製・204頁 / 1600円

プラクティスシリーズ

プラクティス国際法講義（第2版）
柳原正治・森川幸一・兼原敦子 編
◎基礎から発展までをサポートする好評テキスト
3800円

プラクティス労働法
山川隆一 著
◎工夫に富んだ新感覚スタンダード教科書
4000円

プラクティス行政法
木村琢麿 著
◎単純・典型事例駆使の行政法教科書
3000円

プラクティス民法 債権総論（第4版）
潮見佳男 著
◎最新の債権法理論を反映させた改訂第4版
3400円

講座 憲法の規範力
古野豊秋・三宅雄彦 編集代表
戸波江二 編集代表

1 規範力の観念と条件
◎補遺で14冊目を追加した355件
6000円

2 憲法の規範力と市民法
小山 剛 編集代表
5000円

3 憲法の規範力と憲法裁判
鈴木秀美・山本龍彦 著
7000円

4 憲法の規範力とメディア法
鈴木秀美 編集代表
（近刊）

5 憲法の規範力と行政
嶋崎健太郎 編集代表
（近刊）

判例プラクティスシリーズ

判例プラクティス 憲法（増補版）
憲法判例研究会 編
浅野博宣・尾形 健・小島慎司・宍戸常寿・曽我部真裕・中林暁生・山本龍彦 著
3800円

判例プラクティス 民法I 総則・物権
松本恒雄・潮見佳男 編
3600円

判例プラクティス 民法II 債権
松本恒雄・潮見佳男 編
3600円

判例プラクティス 民法III 親族・相続
成瀬幸典・安田拓人・島田聡一郎 編
◎効率よく体系的に学べる民法判例解説
2800円

判例プラクティス 刑法I 総論
成瀬幸典・安田拓人 編
◎《刑法（総論）》判例集の決定版、全44件解説
4000円

判例プラクティス 刑法II 各論
成瀬幸典・安田拓人・島田聡一郎 編
◎《刑法（各論）》判例集の決定版、全543件
4400円

社会保障法研究 第5号
法と哲学 第2号
宇賀克也・佐藤岩夫 責任編集

行政法研究 第1号
太田匡彦 責任編集
◎憲法訴訟の果たす役割とは何か
◎憲法の持つ現実的意義とは何か

法と社会研究 第1号
大塚 直 責任編集

ジェンダー法研究 / 環境法研究 第4号
朝倉むつ子 責任編集

信山社ホームページ参照下さい。

好評新刊

民主主義は可能か？ 新しい政治的討議のための原則について
変容するアメリカ政治と日本社会への警鐘
ロナルド・ドゥオーキン 著／水谷英夫 訳
4600円

黎明録 福田徳三著作集（第15巻）
吉野作造らと黎明運動を展開・激論
福田徳三研究会・武藤秀太郎 編
A5判・上製 632頁
■第10巻・第17巻 既刊
8000円

立法手続と権力分立 学術選書
従来の権力分立論への新たな視点
奥村公輔 著
A5判・上製 328頁
8000円

行政救済法〔第2版〕 法律学講座
図表を多用し、明快な2色刷人気テキスト
神橋一彦 著
4000円

史料・明治担保物権法
◎担保物権規定の成立過程を整理する──プロジェクト始動から明治民法まで──
平井一雄 著
4800円

韓国家族法 学術選書
◎韓国家族法の変遷と特質を紹介
伝統と近代の相克
青木 清 著
5000円

好評発売中

ひと味違う法学入門 法的思考への誘い
阿部泰隆 著（弁護士・神戸大学名誉教授）
◎行政法学者の素朴な法学入門
■基本法律学入門いろはかるた付
2800円

国際法原理論 法学翻訳叢書
ハンス・ケルゼン 著／長谷川正国 訳
◎20世紀法学界の巨人が自身の国際法理論提示
9000円

子どもと離婚 合意解決と履行の比較法研究
二宮周平・渡辺惺之 編
◎離婚と子どもの問題の比較法研究
8000円

所得支援給付法〔増補版〕
◎貧困への租税正義を改めて問う
木村弘之亮 著
6000円

プロセス講義民法Ⅲ 担保物権
◎叙述を3段階化させた民法教科書
後藤巻則・滝沢昌彦・片山直也 編
4300円

行政法再入門〔下〕〔上〕
阿部泰隆 著 ◎最新問題提起の行政法再入門
A5判・上製 456頁／A5判・上製 400頁
5600円／6000円

コンパクト学習条約集〔第2版〕
芹田健太郎 編集代表
本体1,000円(税別)＋加算 584頁
軽くて持ちやすく携帯用条約集の決定版

医事法六法
甲斐克則 編集
本体2,200円(税別)＋加算 560頁
学習・実務に必携の最新薄型医療関連法令集

保育六法〔第3版〕
田村和之 編集代表
本体2,600円(税別)＋加算 800頁
憲法令等を網羅した子育て六法第3版

スポーツ六法2014
小笠原正・諏訪伸夫 編集代表
本体2,500円(税別)＋加算 848頁
学習・行政に必携のスポーツ法令百科

ジェンダー六法〔第2版〕
辻村みよ子・浅倉むつ子・二宮周平・戒能民江 編集代表
本体3,600円(税別)＋加算 854頁
学習・実務に必携のジェンダー法令集

信山社 〒113-0033 東京都文京区本郷6-2-9-102

信山社

※全国の書店・楽天・生協等でもお買い求め下さい。

(税別)

4カ国の制度的基盤と最新状況分析
憲法裁判所の比較研究
フランス・イタリア・スペイン・ベルギーの憲法裁判

曽我部真裕
田近 肇 編

A5判・上製 440頁

時代を捉え、新たな憲法学の方向性を提示
学術叢書
憲法学の可能性

棟居快行 著

A5判・上製 396頁 6000円

二重構造としての労働契約の分析
労働契約成立の法構造
契約の成立場面における合意と法の接合

新屋敷恵美子 著

A5判・上製 504頁 7000円

定評のある教科書

民法講義V 不法行為法
藤岡康宏 著 ◎「権利の保護」と「救済規範」の新たな法実現

平野裕之 ◎初歩から実務まで段階的に詳述
民法総合6 不法行為法 〔第3版〕
柳原正治・森川幸一・兼原敦子 編
◎待望の国際法分野の演習書
演習 プラクティス国際法

2800円 4000円 10000円

軍縮の基本を立体構成で辞典で説く
軍縮辞典
DISARMAMENT LEXICON

5000円

日本軍縮学会 編

四六変・並製 ISBN978-4-7972-8756-1 C3532

携帯性・一覧性に優れた好評の超薄型六法
法学六法 '16

1000円
★事項索引付

石川 明・池田真朗・宮島 司
安冨 潔・三上威彦・大森正仁
三木浩一・小山 剛 編集代表

四六変・並製 ISBN978-4-7972-5739-7 C0532

基礎を固める
ブリッジブックシリーズ

社会学の「世界地図」的入門書
ブリッジブック社会学 〔第2版〕
南野 森 編
ブリッジブック法学入門 〔第2版〕
アップデート最新版
説明の仕方に工夫を凝らした導入教材
ブリッジブック国際法 〔第3版〕

植木俊哉 編

玉野和志 編 アップデート最新版

四六版・並製 320頁 2800円
四六版・並製 248頁 2400円
四六版・並製 260頁 2800円

精義シリーズ

公共契約法精義
◎あるべき公共契約法の構築への模索

公的資金助成法精義
◎公的資金助成法に関する本格的体系書

政府経費法精義
◎政府経費法に関するわが国初の体系書

社会保障財政法精義
◎社会保障財政のわが国初の体系書

行政契約精義
◎行政契約に関する日本の状況の研究

都市行政法精義 I・II
◎「まちづくり」への行政法アプローチ

碓井光明 著
〔明治大学大学院法務研究科教授・東京大学名誉教授〕

30000円

第3節　民法史料集

(4)　**テキストデータについて**

「民法史料集」でダウンロードできるテキストデータは，独自に作成したものである[133]。テキストデータは，画像データに比べ，文字列検索ができたり加工がしやすかったりするため，利用可能性が広い。しかし，その一方で，テキストデータの作成には，コストがかかる。そのため，「民法史料集」で提供しているテキストデータは，条文テキストを中心としたほんの一部だけである。

底本は，原則として，同一ポップアップウィンドウ内の資料を用いている。ただし，決議案と整理案については，「民法史料集」からリンクされていない穂積文書を用いている。決議案と整理案について，穂積文書を利用することが必要であることは，すでに述べたとおりである（第1章第4節(4)参照）。そこで，東京大学法学部法制史資料室（テキストデータ公開当時）の許諾をもらい，穂積文書を用いてテキストデータの作成・公開をしている。穂積文書は，Web上で公開されていないため，「民法史料集」から原典画像を確認することはできない。

テキストデータを作成するにあたっては，入力ミスの問題がある。この点，「民法史料集」で公開しているテキストデータは，そのほとんどを入力業者に依頼しており，精度は99.98％以上の保証で依頼している。

歴史資料をテキストデータにする上では，新字体・旧字体・異体字についても問題となる。旧字体や異体字がJIS漢字コード[134]に含ま

---

[133]　テキスト形式のデータの他，一部でCSVとXMLという形式で提供しているものがある。
[134]　日本工業規格（JIS）で定めた情報交換用符号のうち，漢字に割り当てた文字コードのことをいう。多く使われる漢字を集めた第1水準とあまり使われない第2水準が策定され，その後さらに拡張として第3水準と第4水準が策定された。水準が下るに連れて，普段はあまり使われない漢字となる。

れていない場合や，そもそも旧字体と異体字が区別できない場合があるなど，難しい問題を多く含んでいる。「民法史料集」では，JIS漢字コードの範囲内で旧字体をそのままにした原典に近いテキストデータと，すべて新字体に変換したテキストデータの両方を公開するようにしている。この区別は，ダウンロードできるテキストデータの横に括弧書きで書いてある。何も書いていない場合は前者であり，「新字」と書いてある場合は後者である。

「新字」と書いてある場合，さらに，「誤字修正[135]」や「誤植条文番号修正」と付記してある場合がある。これらは，誤りだと判断した箇所を修正したテキストデータである。誤植等を修正することは，原典性に反するため，修正すべきではないという考え方もあり得よう。しかし，テキストデータにした時点で，学振版と商事法務版との問題におけるのと同様で，原典性はかなり失われている。筆者は，テキストデータは，検索等で便利に使うためのものであると考えており，原典性の保持は画像データの役割であると考えている。旧字体を新字体に置き換えることは，より利便性を追求するためのものであり[136]，

前田富祺＝野村雅昭編『漢字と社会（朝倉漢字講座4）』（朝倉書店，2005）31頁以下，安岡孝一＝安岡素子『文字符号の歴史 欧米と日本編』（共立出版，2006）127頁，238頁を参照。以前は，第3水準と第4水準の漢字について，ソフトウェアが表示に対応していない場合があったが，昨今はその点の問題はほとんどなくなっている。

(135) 正確には，「誤字・誤植」と表現すべきかもしれない。もっとも，これは何を原本と考えるかの問題でもあり，対象資料自体を原本と考えて「誤字」と表現している。この場合，本稿でいうテキスト化の際の「入力ミス」が「誤植」ということになるが，その違いを厳密に意識せず読んでもらえるよう，本書では，「入力ミス」という言葉を使っている。

(136) 文字列検索をしても，字が違うと一致しないということが，最大の問題である。原典では，1つの資料の中で字体が必ずしも統一されていないので，意図する項目を一度にすべて検索できない場合がある。また，そもそも旧字体は通常の漢字変換では表示されず，入力が手間である。

第 3 節　民法史料集

誤字・誤植の修正は，この一環として捉えている。そこで，新字体に置き換えた場合にさらに誤字・誤植を修正したファイルを提供している。

なお，旧字体のテキストデータ，旧字体の状態で誤字・誤植を修正したテキストデータ，新字体に置き換えたテキストデータ，新字体の状態で誤字・誤植を修正したテキストデータ，という4種を提供することも考えられる。しかし，4種類ものファイルを並べることは，情報提供としてわかりにくくなると考えたため，両極の2種類のテキストデータを提供している。また，修正をするのではなく，「ママ」を使うことも考えられる。しかし，本来存在しない「ママ」をテキストデータ上に入力すると，例えば，テキスト検索をする場合など，処理に問題が生じることがあるので，この方法を取らなかった。

誤字の修正については，原本の誤字を探すために積極的に作業をしているわけではない。テキストデータの品質を検査する際に，入力ミスを見つけるためのコンピュータプログラムを実行しているのだが，その結果として，入力のミスではなく原本の誤字の方が見つかることがある。その結果を捨ててしまうのはもったいないと考え，誤字修正ファイルとして提供している。このような経緯であるため，誤字をすべて網羅しているものではなく，誤字だと思われる一部が訂正されているに過ぎない。

誤字の判断にあたっては，他にその表記が出てこないということが，主要な基準となる[137]。例を挙げると，『民法修正案理由書』90条で「苦シ」は「若シ」の誤りであると判断しているが，それは，「苦シ」が他に一度も出現しないということが主要な基準となっている。さらに，正しいと思われる「若シ」と漢字の形が似ているという点も判断

---

(137)　これは，入力のミスを見つけるためのコンピュータプログラムが，ミスを判断する基準として持っている基準だからである。

第2章　明治民法情報基盤

の基準として考えている[138]。このような基準であるため，誤りだと思われる箇所でも，誤字に含めていない場合がある。例えば，「旨趣」は「趣旨」の誤りである可能性もあるが，「旨趣」が1度だけではなく3度出現するため，誤字には含めていない。

条文番号の修正については，例えば，「第二百七十八條」の次の条文が「第百七十九條」となっている場合に，「第二百七十九條」と直すことがこれに該当する。こちらは，形式的に判断できるため，間違いであることがほぼ確実だと言えよう。

その他に「巻末修正適用」と付記してある場合がある。これは，プロジェのテキストデータにおいて使っている。プロジェは，各巻の巻末に正誤表が付けられている。この正誤表が，誤植や遺漏を補うものというよりも，内容自体を改定している場合が多いことは，すでに述べたとおりである（第1章第3節(1)）。一つの版の中に，正誤を織り込まない版と織り込んだ版の二つの版が存在していると考えるのが妥当である。そこで，プロジェについては，巻末の修正を適用したものを，本文とは異なる別のテキストデータとして提供している。

なお，プロジェ以外にも，巻末に正誤表が付されている場合がある。通常の正誤表の場合は，これを反映させたものが真正のテキストであると考えられるため，正誤表を反映させたものをテキストデータとして公開している。

また，テキストの種類によっては，原典が改め文の形式で書かれている場合がある。例えば，明治民法における審議の際に提出された修正案は，改め文の形式で書かれていることが多い。「民法史料集」では，原典である改め文のままではなく，改め文を溶け込ませたテキストデータを提供している。改め文のままでは，元の文を参照しないと

---

(138)　この時代の印刷は，組版を使っており，文字を探して当てはめている。そのため，似た形の字を間違えたり，前後逆に当てはめたりすることは，よく起こる類の誤植であった。

内容がわからないことや，次に述べる "Article History" との連動も考慮して，改め文適用後のテキストデータを作成し，提供している。

第4節　分析ツール

(1) "Article History"
(i) 概　　要

Article History は，原案から公布までの各段階の条文を，同一趣旨の規定ごとに，横軸に並べたものである。これにより，起草の各段階での条文の変遷を時系列に見ていくことができる。起草過程では，条文番号は各段階で変化している。そのため，条文番号を手がかりに資料にあたっても，異なる条文に行き着いてしまい，目的の条文になかなか辿りつけないことがある。起草過程は何段階もあり，それぞれで条文番号が異なると，資料を当たっているうちに混乱することも多々ある。そこで，同一の規定を横軸に並べた表を作成した。この表を横にたどることで，各段階の条文番号を知ることができる。

Article History にアクセスすると，旧民法と明治民法に大きく分かれた章立ての目次が表示される。ここから目的の条文を閲覧しに行くことになる。実際の表は，旧民法の場合，財産法関係が4種類，家族法関係が2種類，さらに法例を合わせて合計7種類の表に分かれている[139]。明治民法は「民法史料集」で用いられている表と同じく財産法関係が3種類と家族法関係で，合計4種類の表に分かれている。それぞれ起草過程で経た段階が異なるため，このように分けて提供している。

表中の条文番号の並び順は，旧民法・明治民法ともに，公布の条文

---

(139) 財産取得編以降はプロジェ初版で扱われていない，債権担保編以降は民法編纂局で扱われていない，証拠編は法律取調委員会の再調査案から始まる，という具合に，財産法関係は，各編で経たプロセスが異なる。家族法関係も，財産取得編の方には再調査案がないため，やはり段階が異なることになる。

番号を基準とした順番で並んでいる。そのため，公布の列は，条文番号が昇順で順に出てくることになるが，その他の段階は，全く異なるところにある場合がある。例えば，甲20号405条は，公布480条につながるので，甲20号404条よりもかなり後ろに出てくる。

Article History では，章や節といった構造の部分を色分けして表示している。階層が下に行くほど色を薄く表示しており，編が赤，章が濃いオレンジ，款になると黄色という具合である。

また，条文番号をクリックするとウィンドウがポップアップし，その段階での条文の文言を見ることができるようになっている（図2-5）。ポップアップしたウィンドウの左上の矢印ボタンを押すことで，ウィンドウの表示は，その前後の段階の条文に移る。これにより，条文案の変遷を次々と追って閲覧することができる。

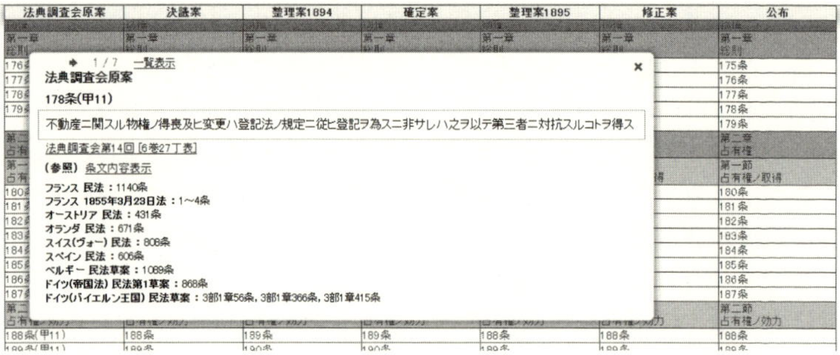

図 2-5　Article History

(ⅱ)　表の詳細

本節の冒頭において，Article History は条文の変遷を時系列で見ていくことができるツールであると説明したが，旧民法財産法関係の表に関しては，厳密にはそうなっていない。旧民法財産法関係については，プロジェ・法典編纂局・法律取調委員会というそれぞれ異なる

第 4 節　分析ツール

プロセスを，ひとつの表でまとめて提供している。そして，これら三つのプロセスを，すべて一つの時系列でマージするのではなく，それぞれのプロセスごとに時系列で並べている。例えば，プロジェ新版は，すべてマージした場合，公布の後ろに来ることになるが，旧民法のArticle History では，プロジェをまとめるという方針で，プロジェ第二版の後ろに置いている。このような形にしているのは，それぞれのプロセスは相互に関係しているが，同一軸上の時系列としては捉えられないこと，しかしながら，別々の表にすると，それぞれの相互関係を追いにくくなること，の2つの理由による。

　例えば，法律取調委員会では，ボワソナードの意思に反して，条文の削除がおこなわれている。一方，公布でボワソナードの意思に反して削除された条文も，ボワソナードの理想として書かれた新版では，そのまま残されている。もし，マージした表にすると法律取調委員会で削られて公布まで確定した後に，また復活しているように見えてしまう。しかし，経緯を見れば，プロジェ新版の前身はプロジェ第二版であり，単純な時系列のみで捉えることは不適当である。その一方で，例えばプロジェ新版と公布を比較するというような需要も十分考えられるため，表を切り離すのも不便であると考えた。以上の理由により，旧民法で提供している表は，三つのプロセスが便宜上一つにされていることに留意して利用する必要がある。特に，表で前後につながっているプロジェ新版と民法編纂局の間には，時系列の連続したつながりが全くないことに，注意が必要である。

　また，旧民法の表では，法律取調委員会について，表幅を節約するため「法取委」という略称になっている。

　明治民法の表において，「主査会原案」・「総会原案」・「法典調査会原案」は，甲号議案もしくはその修正案に該当する。より直感的でわかりやすい表現として，原案という表現を用いている。

　「整理案1894」・「整理案1895」は，2回おこなわれた整理会を指し

ており，数字は，開催された西暦である。穂積文書目録では，「第一次整理議案」「第二次整理議案」との表現があり，これを使用することも考えたが，第3編については一度しか整理会がおこなわれておらず，この表現は当てはまらない[140]。表の間の名称を統一するため，独自の表現として，西暦を付した表現を用いている。

条文番号の後ろの括弧書きは，甲号議案の番号や修正案の区別を示しており，「(甲10)」であれば甲第10号議案のことである。例えば，原案238条は，甲12号・甲13号・修正案の3つで同じ条文番号で登場するが，それぞれ異なる趣旨の規定である。同じ条文番号が使われているのは，甲12号議案の審議で条文が削除され，修正案や次の甲13号で番号が繰り上がったためである。この例からわかるように，一意に特定するためには，議案番号が必要であるため，情報として付している。

また，公開しているテキストデータと比べて，整理案586条の挿入があることに注意が必要である。第1章第4節(4)で述べたとおり，穂積文書中の整理案は，整理会議事速記録と比較すると，586条以降に1条ずつのずれが生じる。この点，Article Historyは，整理会議事速記録に合わせた条文番号となっており，公開しているテキストデータとは，586条以降の条文番号が1条ずつずれている。

(iii) **関連情報の表示**

条文の文言をポップアップ表示した状態（図2-5）から，関連情報を閲覧することができる。現時点で関連情報として閲覧できるのは，法律取調委員会または法典調査会の議事録（第1章第3節(3)・同第4節(3)），プロジェや『民法修正案理由書』といった起草理由に関する資料，そして，明治民法起草の際に参照した外国法の情報（第1章第4

---

[140] 福島・前掲注(94)89頁でも，債権部分に関しては，「第二次」との表現を用いていない。

第4節　分析ツール

節(2)(ii))の大きく3種類である。これらの関連情報は，テキストデータとして閲覧できるものと，国立国会図書館デジタルコレクションで公開されている資料の該当ページへのリンクになっているものとの二つのタイプがある。

参照外国法については，「条文内容表示」をクリックすると図2-6のような画面が開き，参照している条文の内容を確認することができる。この画面では，該当する法典調査会の原案も表示されるようになっており，下にスクロールしても，法典調査会原案が隠れない仕組みとなっている。これにより，法典調査会原案と対比しながら外国法を確認できるようになっている。

法典調査会原案　178条(甲11)
不動産ニ関スル物権ノ得喪及ヒ変更ハ登記法ノ規定ニ従ヒ登記ヲ為スニ非サレハ之ヲ以テ第三者ニ対抗スルコトヲ得ス

フランス 民法：1140条
1140. Les effets de l'obligation de donner ou de livrer un immeuble sont réglés au titre de la Vente et au titre des Privilèges et Hypothèques.

フランス 1855年3月23日法：1～4条
Art. 1er. Sont transcrits au bureau des hypothèques de la situation des biens:
1°　Tout acte entre-vifs, translatif de propriété immobilière ou de droits réels susceptibles d'hypothèque;
2°　Tout acte portant renonciation à ces mêmes droits;
3°　Tout jugement qui déclare l'existence d'une convention verbale de la nature ci-dessus exprimée;
4°　Tout jugement d'adjudication, autre que celui rendu sur licitation au profit d'un cohéritier ou d'un copartageant.
2. Sont également transcrits,
1°　Tout acte constitutif d'antichrèse, de servitude, d'usage et d'habitation;
2°　Tout acte portant renonciation à ces mêmes droits;
3°　Tout jugement qui en déclare l'existence en vertu d'une convention verbale;
4°　Les baux d'une durée de plus de dix huit années;
5°　Tout acte ou jugement constatant, même pour bail de moindre durée, quittance ou cession d'une somme équivalente à trois années de loyers ou fermages non échus.
3. Jusqu'à la transcription, les droits résultant des actes et jugements énoncés aux articles précédents ne peuvent être opposés aux tiers qui ont des droits sur l'immeuble et qui les ont conservés en se conformant aux lois.
Les baux qui n'ont point été transcrits ne peuvent jamais leur être opposés pour une durée de plus de dix-huit ans.
4. Tout jugement prononçant la résolution, nullité ou rescision d'un acte transcrit, doit, dans le mois à dater du jour où il a acquis l'autorité de la chose jugée, être mentionné en marge de la transcription faite sur le registre.
L'avoué qui a obtenu ce jugement est tenu, sous peine de cent francs d'amende, de faire opérer cette mention, en remettant un bordereau rédigé et signé par lui au conservateur, qui lui en donne récépissé.

オーストリア 民法：431条
431. Pour transférer la propriété de choses immobilières, l'acte translatif doit être inscrit sur les registres publics à ce destinés. Cette inscription s'appelle intabulation.

オランダ 民法：671条
テキスト未作成

スイス(ヴォー) 民法：808条
808. Il doit être passé acte devant notaire de tout contrat qui a pour objet la propriété d'un immeuble, ou un droit sur

図2-6　参照外国法の条文内容表示画面

第 2 章　明治民法情報基盤

各法令名をクリックすることで，インターネット上で閲覧できる資料画像にアクセスできるようになっている。これにより，テキストデータを原典画像で確認することができる。作成したテキストデータは，条文内容に限られており，解説に当たるような部分は対象としていない。資料によっては，解説が付いている場合があるし，使用されている条文の周辺の条文内容が知りたいという場面も考えられる。このように，原典を確認する場面は少なくないと考えられる。また，テキストデータを作成できなったドイツ語の資料については，リンク先の原典画像から内容を確認する必要がある。

(iv)　未完成部分

Article History は，扱う資料の範囲やデータ量が多く，作業が十分にできていない部分がある。旧民法については，「法取委・上申案」と「公布」の間に，元老院や枢密院での議案も必要であるが，その部分はまだ表に入っていない。また，表に入っている部分でも，財産法関係の法律取調委員会再調査案については，条文テキストデータがない。この部分は，今後作成していく予定である。

明治民法については，第 1 に，修正案が網羅されていないことが不十分な点として挙げられる。修正案は，すべて網羅的にまとまった形では存在していないため（第 1 章第 4 節(2)参照），その全容を把握することは難く，Article History でも修正案は網羅されていない。

第 2 に，議事速記録とのリンクが上手くできていない部分がある。旧民法では条文番号通りに審議が進んでいくのに対し，明治民法の方では条文番号が行ったり来たりする上，途中で修正案が出るなど，審議過程が複雑である。そこに前述の条文番号の重複の問題が加わるため，条文番号だけで該当箇所に正しくリンクすることが困難になり，リンクが適切にできていない場合がある。

さらに，整理会においては，はじめに条文を朗読するというプロセスがないため，該当箇所の特定の仕方が難しい。さしあたり，『日本

近代立法資料叢書』の目次を基にすることとしたが[141]，ここでも，条文番号だけで条文を一意に特定できないために該当箇所に正しくリンクすることが困難であった[142]。

これらの問題は，今後見直していく必要がある課題である。

(2) 理由書 Web

理由書 Web は，民法修正案，修正案理由書，旧民法の条文の三つを一体的に見ることができるツールである。修正案理由書は，立法趣旨を調べる上で非常に有用な資料である。しかし，修正案理由書には，起草理由しか書かれておらず，対象となる条文である民法中修正案が書かれていない。そのため，民法中修正案の条文を確認する場合には，資料を別に用意しなければならない。また，修正案理由書では，旧民法の条文番号が参照されているが，旧民法の条文を確かめるには，やはり資料を別に用意しなければならない。理由書 Web を使うことで，

---

[141] 『日本近代立法資料叢書』の整理会の目次も，目次を設ける基準に問題があると考えている。例えば，第5回整理会において48条や62条に言及があるが（『日本近代立法資料叢書14民法整理会議事速記録』127頁下段，129頁上段），『日本近代立法資料叢書』の整理会の目次には挙げられていない。すべて検証したわけではないが，条文の文言が発言に含まれているかどうかが，目次掲載の基準となっているように思われる。しかし，条文の文言が発言に含まれていても，それが字句の修正に過ぎない場合もあり，条文の文言が発言に含まれているかいないかが目次掲載の重要なメルクマールであるとは思われない。言及がある以上，一律に目次掲載すべきであったと考える。

[142] 整理会の目次では，不適切と思われる箇所も存在する。例えば，203頁下段では，整理案348条に関する議論と確定案348条を削除する議論が出てくる。これについて，目次では，「348条（修正）」が1つ出てくるだけである。整理案348条に関する議論では条文の文言が発言に含まれていないので，前掲注[141]の考察を踏まえて，整理案348条が目次に不掲載だとしても，目次での掲載は，「348条（削除）」となるはずである。同様のことは，373条（207頁下段）でも言える。

第2章　明治民法情報基盤

これら関連性の高い資料を相互に参照しながら見ていくことができる。

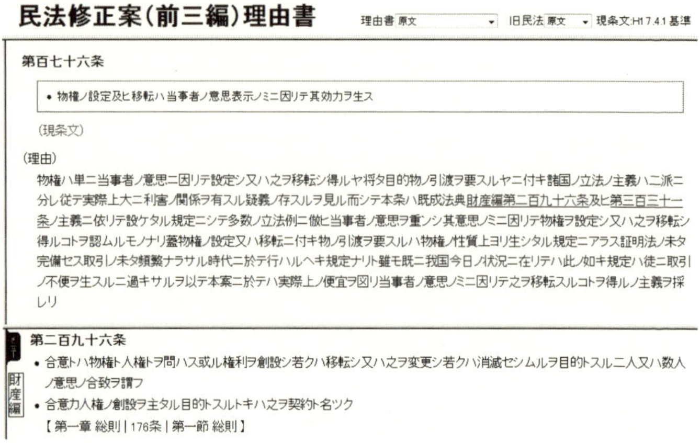

民法修正案(前三編)理由書

第百七十六条
- 物権ノ設定及ヒ移転ハ当事者ノ意思表示ノミニ因リテ其効力ヲ生ス

(現条文)

(理由)
　物権ハ単ニ当事者ノ意思ニ因リテ設定シ又ハ之ヲ移転シ得ルヤ将タ目的物ノ引渡ヲ要スルヤニ付キ諸国ノ立法ノ主義ハ二派ニ分レ従テ実際上大ニ利害ノ関係ヲ有スル ノ疑義ノ存スルヲ見ル而シテ本条ハ既成法典財産編第二百九十六条及ヒ第三百三十一条ノ主義ニ依リテ設ケタル規定ニシテ多数ノ立法例ニ倣ヒ当事者ノ意思ヲ重ンシ其意思ノミニ因リテ物権ヲ設定シ又ハ之ヲ移転シ得ルコトヲ認ムルモノナリ蓋物権ノ設定又ハ移転ニ付き物ノ引渡ヲ要スルハ物権ノ性質上ヨリ生シタル規定ニアラス証明法ノ未タ完備セス取引ノ未タ頻繁ナラサル時代ニ於テ行ハルヘキ規定ナリト雖モ既ニ我国今日ノ状況ニ於テハ此ノ如キ規定ノ徒ニ取引ノ不便ヲ生スルニ過キサルヲ以テ本案ニ於テハ実際上ノ便宜ヲ図リ当事者ノ意思ノミニ因リテ之ヲ移転スルコトヲ得ルノ主義ヲ採レリ

第二百九十六条
- 合意トハ物権ト人権トヲ問ハス或ル権利ヲ創設シ若クハ移転シ又ハ之ヲ変更シ若クハ消滅セシムルヲ目的トスル二人又ハ数人ノ意思ノ合致ヲ謂フ
- 合意力人権ノ創設ヲ主タル目的トスルトキハ之ヲ契約ト名ツク

【第一章 総則 | 176条 | 第一節 総則】

図 2-7　理由書 Web

　画面は，上から順に，ヘッダ，修正案＋理由書，旧民法の3つのフレームで構成されている（図2-7）。メインフレームである修正案＋理由書について，緑の線で囲まれた部分が修正案であり，その下の文書が修正案理由書である。本ツールは，修正案理由書を中心とする資料であるため，条文番号は，修正案を基準としている。第9回帝国議会で349条が追加されているため，公布された民法との間では，349条以降について，条文番号が1条ずれていることに注意が必要である。

　まず，最大の特徴である相互参照機能について説明する。理由書中のリンク箇所をクリックすると，該当する旧民法の条文が，一番下の旧民法のフレームに表示される。なお，リンクには，青文字のリンクと緑文字のリンクがあるが，青文字は旧民法の参照を示しており，緑文字は修正案の自己参照であることを示している。緑文字のリンクをクリックした場合には，一番下のフレームに修正案が表示される。こ

第 4 節　分析ツール

れらのリンクは，一定の法則に従って機械的に付けている。

　理由書から旧民法への参照情報を利用することで，旧民法の側からの被参照情報を作成できる。これにより，旧民法の側から修正案を参照することができるようになっている。旧民法のフレームに表示されている条文番号をクリックすると，修正案＋理由書のフレームが，該当条文に切り替わる。

　他の特徴的な機能として，原文テキストを，誤字を修正したテキストや読みやすい加工版テキストに切り替えることができる。理由書原文は，漢字とカタカナのみで書かれており，しかも濁点も句読点もないため読みにくい。加工版テキストは，カタカナをひらがなにし，濁点を付けたテキストである。また，句点自体はつけていないが，句点と思われる箇所で改行をおこなっている。

　この加工版テキストの作成は，人手で作業したものではなく，「韋駄天」というソフトを利用してコンピュータ処理によりおこなわれている[143]。韋駄天は，自然言語処理という分野の技術を用いており，この分野では 100％ 正確な処理ということはほとんどありえない。そのため，加工版テキストには，ある程度の間違いがある。しかし，それでも，原文に比べてかなり読みやすく，内容をつかむのに便利であると考えている。

　また，誤字修正版では，前述の誤字を修正したテキストに切り換えている。なお，誤字部分は，原文テキスト表示状態でも確認することができるようになっており，マウスオーバーすることで「ママ」という表示がポップアップする。

　その他機能として，緑の文字の「（現条文）」をクリックすることで，現代語化された後の 2005 年 4 月 1 日時点の条文も参照できるよ

---

(143)　韋駄天については，佐野智也＝小川泰弘＝養老眞一＝外山勝彦＝松浦好治「仕事を楽にする：法律実務を支援するソフトウェア」『書斎の窓』553 号 18〜22 頁。

うになっている。また，修正案理由書の原本では，「、」と「○」の2種類の傍点が付けられている。本ツールでは，「、」が付されているものは斜体，「○」が付されているものは太字で表現している[144]。

(3) 参照外国法分析器

参照外国法分析器は，明治民法の起草の際に参照した外国法を調査・分析するためのツールである。第1章第4節(2)(ii)で示したように，甲号議案には，各条文に「参照」という項目が明記されており，外国法が挙げられている。この参照を用いて，国（地域）ごとの参照回数を示すことが，このツールの主たる機能である。参照回数がわかることにより，外国法の参照状況を全体として俯瞰的に把握することができるようになる。

参照外国法分析器の分析対象は，甲号議案のうち，参照が付されている「（主）甲第三号議案」から「甲第七十五議案」までの73議案と，追加案および一部の修正案である。条文数の総数は，1197ヶ条である。また，分析の方法として，参照回数の数え方は，原案1ヶ条中で同じ国・地域が複数回参照されても，1回とカウントする方法による。例えば，甲11号178条で，フランスの民法1140条と1855年3月23日法1〜4条の2法令，5ヶ条が参照されているが，フランスとして1回とカウントする。

これに従って得られた結果を，起草者別・分野別でそれぞれ示したのが，**表2-1**および**表2-2**である。起草委員ごとに，あるいは編別ごとに，条文数の総数が異なるため，単純な数だけで比較することはできない。そこで，括弧内のパーセンテージで参照した割合を示している。例えば，穂積陳重は，全389ヶ条を起草しており，そのうちの228ヶ条でドイツ帝国法を参照しており，全389ヶ条中の58.6%で参

---

(144) 閲覧するブラウザの種類によっては，差がわかりにくい場合がある。

第4節　分析ツール

照していることを示している。なお，この表は，総数が多い順に並んでいる。

表2-1　起草委員別の参照割合

国・地域	総数(1197)	穂積陳重(389)	富井政章(381)	梅謙次郎(427)
ドイツ（帝国法）	790(66.0%)	228(58.6%)	289(75.9%)	273(63.9%)
フランス	714(59.6%)	191(49.1%)	218(57.2%)	305(71.4%)
イタリア	695(58.1%)	185(47.6%)	229(60.1%)	281(65.8%)
スペイン	649(54.2%)	178(45.8%)	211(55.4%)	260(60.9%)
ベルギー	638(53.3%)	145(37.3%)	228(59.8%)	265(62.1%)
オランダ	577(48.2%)	162(41.6%)	184(48.3%)	231(54.1%)
オーストリア	480(40.1%)	145(37.3%)	147(38.6%)	188(44.0%)
ドイツ（ザクセン王国）	347(29.0%)	166(42.7%)	64(16.8%)	117(27.4%)
スイス（連邦法）	336(28.1%)	98(25.2%)	123(32.3%)	115(26.9%)
モンテネグロ	287(24.0%)	99(25.4%)	114(29.9%)	74(17.3%)
ポルトガル	260(21.7%)	78(20.1%)	91(23.9%)	91(21.3%)
ドイツ（プロイセン王国）	252(21.1%)	123(31.6%)	59(15.5%)	70(16.4%)
スイス（チューリヒ）	234(19.5%)	77(19.8%)	68(17.8%)	89(20.8%)
スイス（グラウビュンデン）	183(15.3%)	52(13.4%)	62(16.3%)	69(16.2%)
スイス（ヴォー）	148(12.4%)	39(10.0%)	40(10.5%)	69(16.2%)
インド	122(10.2%)	24(6.2%)	43(11.3%)	55(12.9%)
ドイツ（バイエルン王国）	108(9.0%)	91(23.4%)	0(0.0%)	17(4.0%)
アメリカ（ニューヨーク）	103(8.6%)	44(11.3%)	6(1.6%)	53(12.4%)
アメリカ（カリフォルニア）	92(7.7%)	30(7.7%)	6(1.6%)	56(13.1%)

第2章　明治民法情報基盤

イギリス	45(3.8%)	29(7.5%)	2(0.5%)	14(3.3%)
ロシア	24(2.0%)	6(1.5%)	11(2.9%)	7(1.6%)
カナダ（ローワー・カナダ）	21(1.8%)	15(3.9%)	0(0.0%)	6(1.4%)
アルゼンチン	12(1.0%)	10(2.6%)	2(0.5%)	0(0.0%)
スイス（ベルン）	4(0.3%)	4(1.0%)	0(0.0%)	0(0.0%)
スイス（ゾロトゥルン）	4(0.3%)	4(1.0%)	0(0.0%)	0(0.0%)
スイス（ルツェルン）	4(0.3%)	4(1.0%)	0(0.0%)	0(0.0%)
ビクトリア法典	4(0.3%)	4(1.0%)	0(0.0%)	0(0.0%)
ハンガリー	3(0.3%)	0(0.0%)	0(0.0%)	3(0.7%)
スイス（フリブール）	3(0.3%)	3(0.8%)	0(0.0%)	0(0.0%)
バルチック	1(0.1%)	0(0.0%)	1(0.3%)	0(0.0%)
デンマーク	1(0.1%)	1(0.3%)	0(0.0%)	0(0.0%)
スイス（ヌーシャテル）	1(0.1%)	1(0.3%)	0(0.0%)	0(0.0%)
スイス（ティチーノ）	1(0.1%)	1(0.3%)	0(0.0%)	0(0.0%)
アメリカ（ルイジアナ）	1(0.1%)	1(0.3%)	0(0.0%)	0(0.0%)

表2-2　編別の参照割合

国・地域	総数(1197)	総則編(177)	物権編(224)	債権編(360)	親族編(251)	相続編(185)
ドイツ（帝国法）	790(66.0%)	132(74.6%)	104(46.4%)	271(75.3%)	158(62.9%)	125(67.6%)
フランス	714(59.6%)	91(51.4%)	132(58.9%)	233(64.7%)	144(57.4%)	114(61.6%)
イタリア	695(58.1%)	92(52.0%)	147(65.6%)	227(63.1%)	114(45.4%)	115(62.2%)
スペイン	649(54.2%)	97(54.8%)	118(52.7%)	196(54.4%)	119(47.4%)	119(64.3%)
ベルギー	638(53.3%)	97(54.8%)	119(53.1%)	182(50.6%)	120(47.8%)	120(64.9%)
オランダ	577(48.2%)	88(49.7%)	115(51.3%)	166(46.1%)	91(36.3%)	117(63.2%)
オーストリア	480(40.1%)	67(37.9%)	72(32.1%)	187(51.9%)	77(30.7%)	77(41.6%)

第 4 節　分析ツール

ドイツ（ザクセン王国）	347(29.0%)	71(40.1%)	58(25.9%)	115(31.9%)	38(15.1%)	65(35.1%)
スイス（連邦法）	336(28.1%)	65(36.7%)	21(9.4%)	220(61.1%)	30(12.0%)	0(0.0%)
モンテネグロ	287(24.0%)	62(35.0%)	60(26.8%)	165(45.8%)	0(0.0%)	0(0.0%)
ポルトガル	260(21.7%)	0(0.0%)	0(0.0%)	119(33.1%)	63(25.1%)	78(42.2%)
ドイツ（プロイセン王国）	252(21.1%)	23(13.0%)	35(15.6%)	104(28.9%)	56(22.3%)	34(18.4%)
スイス（チューリヒ）	234(19.5%)	47(26.6%)	63(28.1%)	7(1.9%)	39(15.5%)	78(42.2%)
スイス（グラウビュンデン）	183(15.3%)	52(29.4%)	41(18.3%)	10(2.8%)	17(6.8%)	63(34.1%)
スイス（ヴォー）	148(12.4%)	25(14.1%)	34(15.2%)	24(6.7%)	30(12.0%)	35(18.9%)
インド	122(10.2%)	33(18.6%)	14(6.3%)	49(13.6%)	8(3.2%)	18(9.7%)
ドイツ（バイエルン王国）	108(9.0%)	1(0.6%)	17(7.6%)	89(24.7%)	1(0.4%)	0(0.0%)
アメリカ（ニューヨーク）	103(8.6%)	14(7.9%)	12(5.4%)	12(3.3%)	46(18.3%)	19(10.3%)
アメリカ（カリフォルニア）	92(7.7%)	4(2.3%)	9(4.0%)	15(4.2%)	45(17.9%)	19(10.3%)
イギリス	45(3.8%)	6(3.4%)	3(1.3%)	29(8.1%)	2(0.8%)	5(2.7%)
ロシア	24(2.0%)	15(8.5%)	4(1.8%)	0(0.0%)	3(1.2%)	2(1.1%)
カナダ（ロワー・カナダ）	21(1.8%)	0(0.0%)	0(0.0%)	7(1.9%)	0(0.0%)	14(7.6%)
アルゼンチン	12(1.0%)	1(0.6%)	10(4.5%)	1(0.3%)	0(0.0%)	0(0.0%)
スイス（ベルン）	4(0.3%)	0(0.0%)	1(0.4%)	0(0.0%)	0(0.0%)	3(1.6%)
スイス（ゾロトゥルン）	4(0.3%)	0(0.0%)	0(0.0%)	0(0.0%)	1(0.4%)	3(1.6%)
スイス（ルツェルン）	4(0.3%)	0(0.0%)	1(0.4%)	0(0.0%)	0(0.0%)	3(1.6%)
ビクトリア法典	4(0.3%)	0(0.0%)	4(1.8%)	0(0.0%)	0(0.0%)	0(0.0%)
ハンガリー	3(0.3%)	0(0.0%)	0(0.0%)	3(0.8%)	0(0.0%)	0(0.0%)
スイス（フリブール）	3(0.3%)	0(0.0%)	0(0.0%)	0(0.0%)	0(0.0%)	3(1.6%)
バルチック	1(0.1%)	0(0.0%)	0(0.0%)	0(0.0%)	1(0.4%)	0(0.0%)

第 2 章　明治民法情報基盤

デンマーク	1(0.1%)	0(0.0%)	0(0.0%)	0(0.0%)	0(0.0%)	1(0.5%)
スイス(ヌーシャテル)	1(0.1%)	0(0.0%)	0(0.0%)	0(0.0%)	1(0.4%)	0(0.0%)
スイス(ティチーノ)	1(0.1%)	0(0.0%)	0(0.0%)	0(0.0%)	1(0.4%)	0(0.0%)
アメリカ(ルイジアナ)	1(0.1%)	0(0.0%)	1(0.4%)	0(0.0%)	0(0.0%)	0(0.0%)

　紙媒体において，この表で示した数値は，固定された一つの見方を示すだけのものであり，他の研究者が自己の目的に合わせて再利用する方法は限られている。例えば，この表では，登場する法令・判例のすべてをカウントの対象としているが，フランスの民法典のみと，ドイツ帝国法の各民法草案および民法典の参照回数だけを比較したいという場面が考えられる。しかし，上記の表からそれを知ることはできない。他にも，例えば，インドの参照は，イギリスの参照の一環であると考えられるため，両者を合わせて一つの法域として分析するという場面が考えられる。この点，上記の表を使ってできるのは，イギリス45回とインド122回を合算し，167回という数値がわかるだけである。しかし，参照回数の数え方は，1ヶ条中で一つの国・地域の複数の法令を参照していても，1回とする方法であった。そうであれば，イギリスとインドの両方が参照されている場合には，1回としなければならないはずである。167回というのは，イギリスとインドの両方が参照されている場合に重複してカウントしている可能性があり，この数値を利用することは適切ではない。

　参照外国法分析器を使うと，ユーザーが条件を自由に設定して，参照回数を閲覧することができる。第一に，カウント対象とする法令を指定して再計算することができる。例えば，フランスの「民法」と，ドイツ帝国法の「民法第1草案」「民法第2草案」「民法第3草案」「民法」のみをカウント対象として指定して再計算すると，フランス

697回・ドイツ帝国法768回という結果を得ることができる。

第二に，複数の国・地域を任意に選択しグループ化して再計算することができる。これによって表示される結果は，前述の重複部分が適切に処理された回数が表示される。例えば，イギリスとインドをグループ化すると，148回という結果を得ることができる。

参照外国法分析器は，外国法の参照割合を閲覧するだけではなく，参照外国法の内容を原案と対応させて閲覧する機能も備えている。この点，Article History を使うことでも，参照外国法の内容を原案と対応させて閲覧することができる。しかし，アクセスの仕方として，両者は異なる場面を想定している。

Article History は，公布時の条文番号や原案の条文番号を手がかりとして，そこから参照されている外国法を閲覧できる方式である。これに対して，参照外国法分析器は，参照された国・地域名を出発点とし，外国法の条文番号を基にして，その参照元となっている原案を合わせて閲覧できる方式である。Article History からの利用は，日本民法典の側から，参照外国法へアクセスするように設計されているのに対して，参照外国法分析器からの利用は，外国法の側から情報へアクセスするように設計されている。

参照外国法分析器を使うことで，Article History ではわからなかった原案と外国法の関係を知ることができる。まず，同一の外国法の条文を参照している日本民法の原案をすべて知ることができる。例えば，スペイン民法29条を見ると，主査会甲3号1条，甲47号729条，甲61号976条，甲65号1003条の4ヶ条の原案から参照されていることがわかる。この事実から，この4ヶ条が相互に関連した規定である可能性が高いことを読み取ることもできる。

さらに，実際に参照された外国法の具体的な条文番号を逆に見ることで，参照されていない条文番号を知ることができる。参照されていないという事実も，研究において参考となる場面は少なくない。これ

と関連して,各国民法典の条文の使用率を算出することもできる。ちなみに,フランス民法典の条文使用率は,約53.6%（2281ヶ条中の1222ヶ条を使用）である。

参照外国法分析器の大きな特徴は,外国法の参照状況を俯瞰的に把握する点にあるが,外国法の条文番号と原案を対応させて詳細に内容を検討することができるようにもなっている。これにより,俯瞰的な視点で全体との関係を意識しつつ,参照されている外国法令を逐次検討することができる。

なお,法律名をクリックすることで,原典画像を閲覧できるようになっており,各所に散在する参照外国法令にワンストップでアクセスすることができる。すなわち,参照外国法分析器は,明治民法情報基盤のコンセプトを踏まえた設計となっている。

(4) **用語変遷追跡 Bilingual KWIC**

このツールは,明治民法情報基盤のコンセプトとは全く異なるものであるが,特徴的なツールであるため,ここで紹介することにする。このツールは,Bilingual KWIC®というソフトウェアを二つ繋げた,Bilingual KWIC Dual というツールを利用している。Bilingual KWIC は,入力されたキーワードに対する訳語を自動的に推定し[145],入力されたキーワードと推定された対訳語をそれぞれ中央に揃えて,その前後の文脈もわかるように表示するツール[146]である[147]。

---

(145) キーワードに対する対訳語の自動推定は,共起頻度を用いた統計的な手法が用いられている。

(146) このような表示方法は,KWIC（=KeyWord In Context）形式と呼ばれ,情報検索の分野ではよく用いられている。

(147) Bilingual KWIC の詳細については,外山勝彦他「日本法令外国語訳データベースシステムの設計と開発」情報ネットワーク・ローレビュー11号（2012）43頁以下が,文系向けでわかりやすい。

第 4 節　分析ツール

図 2-8

　図 2-8 は，Bilingual KWIC の実際の画面である。この例は，旧民法の正文とそれに合わせて作成されたフランス語訳（第 1 章第 3 節(5)参照）のテキストデータを用いて，「代人」を検索した結果である。検索キーワードである「代人」が左側に，自動的に推定された結果が右側に，それぞれ青字で中央に揃えて表示される。コンピュータの計算に基づく推定であるので，間違っていることもある。推定結果は，複数表示される事があり，上に表示されているものほど，正しい可能性が高い。詳しく見たい行をクリックすると，画面下部に全文が表示される。

107

第2章 明治民法情報基盤

このツールは,対訳辞書のようなものを使用していないことが特徴の一つである。辞書を必要としないため,現在では使われていない法律用語でも,検索してその対訳語を調べることができる。また,前後の文脈が表示されることにより,訳語の使い分けを分析したり,追加のキーワードを発見したりすることが容易になる。

このような機能を持つ Bilingual KWIC を二つ繋げることで,より高度な分析をおこなうことが容易になる。筆者は,本ツールを明治時代の法律用語の変遷を調べるためのツールと位置づけているが,これは使い方の一つであるに過ぎない。いくつかの場面での利用が考えられるが,まずは「用語変遷追跡」の名の通り,その機能に絞って説明をする。

日本の法律概念の多くは西洋から輸入したものであり,日本語へ翻訳する際に造語された法律用語も少なくない。そのような法律用語は,翻訳の当初から定着したわけではなく,試行錯誤による変遷を経て定着している。そのような法律用語の変遷を調べるのを補助するのが,用語変遷追跡の機能である。

先ほどと同じく,旧民法に出てくる「代人」という用語を例にとって説明する。「代人」という用語は明治民法には出現しない。本ツールを使うことで,明治民法において類似する概念があるのか,あるとしたらどの用語に変化しているのかを調べることができる。図2-9は,その検索結果である。

左側は先ほどと同じく旧民法とそのフランス語訳が表示されており,右側は明治民法とそのフランス語訳が表示されている。Cascade にチェックが入った状態(以下,この状態を Cascade モードという)で「代人」を検索すると,まず,左側の Bilingual KWIC で「代人」が検索され,対訳として「représentant」を推定結果として表示する。右側の Bilingual KWIC は,その推定された結果である「représentant」をキーワードとして用いており,「代理人」を推定結果として表示し

第4節 分析ツール

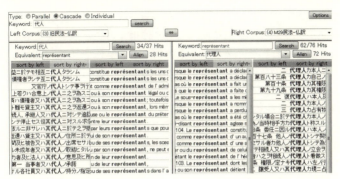

図2-9 用語変遷追跡 Bilingual KWIC で「代人」を検索した画面

ている。これは，代人という用語が，明治民法では代理人に当たる可能性があることを示している。

フランス語を媒介として，同一の概念の言葉を推測するというのが，基本的な仕組みである。この場合，「représentant」が媒介となっており，日本語の法律用語が定まっていないのに対して，フランス語の法律用語は変化していないということを前提とした推測である。

用語変遷追跡 Bilingual KWIC は，四つのテキストセットを収録している。

①「仏民法－箕作和訳」：フランス民法と箕作麟祥による明治4年の和訳
②「M04 箕作訳－ M16 箕作訳」：箕作麟祥によるフランス民法和訳で，明治4年のものと16年のもの
③「旧民法－仏訳」：旧民法とそのフランス語訳
④「M29 民法－仏訳」：明治民法とそのフランス語訳[148]

4セットのうち3セットは，日本語とフランス語のテキストセッ

---

(148) 明治民法のフランス語訳は，名古屋大学大学院法学研究科附属法情報研

トであるが，②だけは，日本語同士のテキストセットである。左右にあるプルダウンボックスを操作して，使用するテキストセットを変えることができる。テキストセットの組み合わせに応じて，異なる視点で，法律用語の変遷を見ることができる。

上記とは別の例として，箕作麟祥の訳語の変遷を辿ることもできる。左側に①，右側に②を設定して，Cascade モードで，キーワード「créancier」を検索すると，箕作麟祥の翻訳が「義務ヲ得可キ者」から「債主」に変化していることがわかる。

これに対して，変化を全く追えない場合があることも示しておく。例えば旧民法に「銷除（しょうじょ）」という用語が登場する。左側に③，右側に④のテキストを設定し，Cascade モードで検索しても，右側には何も表示されない。これは，「銷除」の対訳である「rescision」が，明治民法のフランス語訳では使われていないためである。本ツールは，特定の作業を補助するのみであるため，この用語がその後どうなったのかについては，別の資料をあたって調べることになる[(149)]。

以上，用語変遷追跡をすることを想定し，Cascade モードでの検索について説明をした。Cascade モードの他に，"Parallel" と "Individual" にチェックを入れて使うこともできる。Parallel モードは，検索キーワードがそのまま二つの Bilingual KWIC で検索される状態である。

　究センターから公開されている Code civil de l'Empire du Japon : Livres I, II & III (Dispostions générales-Droit réels-Droit de créance). Traduction par I. Motons [et] M. Tomii（丸善株式会社，1900）と Code civil de l'Empire du Japon: Livres IV et V: famille et successions traduction par L.H. Loenholm et Jules Adam（Maruya, 1902）を使用している。前者は，本野一郎，富井政章訳，レーンホルム，L.H，アダム，J. 訳『仏訳日本帝国民法典（日本立法資料全集（別巻19））』（信山社，1997）で復刻されている。

(149)　なお，「銷除」等の取消しに類似する概念については，深川裕佳「民法における「取消し」の多義性と「撤回」概念の明確化の必要性」洋法58巻1号（2014）148〜127頁を参照。

例えば，左側に③，右側に④のテキストを設定しParallelモードで「解除」を検索すると，左右ともに「解除」で検索がおこなわれる。左の結果は「résolution」が表示され，右の結果は「résilier」と「résiliation」が表示される。このように，Parallelモードを使うと，同じ語の訳が異なっていることを見つけやすい。Individualモードは，左右で全く別個に動作する状態である。

　旧民法期の資料を調べる際，現在の法律用語の概念と異なる可能性があることには，常に注意が必要である。本ツールの主目的は，その調査や確認を補助することである。それに加えて，検索モードや言語セットを切り替えることで，様々な角度からの分析にも応用が可能となっている。

第3章　明治民法情報基盤を通した立法沿革研究

第1節　不動産質——個別検討の例として——

(1) 序　論

　不動産質は，債権者が債権の担保となる質物を占有し，質物から優先的に弁済を受けるという通常の質権の効力に加えて，質物である不動産を用法に従って使用・収益することができるという効力を有している（356条[150]）。ただし，特約は認められるものの（359条），使用・収益による利益と利息が相殺されるという発想により，債権の利息は請求できない（358条）[151]。不動産質制度は，金融業が専門化した今日においては，ほとんど利用されていない。例えば，銀行が田畑を不動産質に取った場合，銀行が田畑を耕し天然果実を収取する代わりに債権の利息が請求できないという場面が想定されるが，金融業を専門とする銀行がそのような選択をすることはない。債務者もまた，自らが生業とする田畑を利用できなくなるのは不便である。不動産の占有は移さず債務者は自ら使用・収益して債務の弁済をし，債権者は利息を受け取り債務不履行に備え担保価値だけを把握する方が，債権者・債務者双方にとって有益である。この観点から，債権担保の手段として，抵当権や譲渡担保が広く利用されるに至っている[152]。

---

[150]　以後の立法沿革の検討において，特に指定がない場合は，現行民法を指すものとする。

[151]　質権および不動産質の意義や沿革については，柚木馨＝高木多喜男『担保物権法〔第3版〕』（有斐閣，1982）86頁以下，槇悌次『担保物権法』（有斐閣，1981）74頁以下，などを参照。

[152]　この点は，担保目的物の使用・収益という観点から，すでに詳細な説明がなされている。加賀山茂『現代民法担保法』（信山社，2009）366頁などを

第3章　明治民法情報基盤を通した立法沿革研究

　学説の中には，賃料から優先的に弁済を受ける手段として，現在では有用に機能していない不動産質を再活用する可能性を示唆する考え方もある[153]。この考え方は，質物として賃貸マンションを念頭に置きながら，不動産質の大きな特徴である果実収取権に着目している。すなわち，不動産質について多くの根本的修正をすることにより，債権者が賃料を受け取ることで債権を漸次回収してゆくという制度として生まれ変わらせるという考えである。

　ボワソナードが起草した旧民法における不動産質（以下，旧不動産質と呼ぶ。これに対して，明治民法以降の不動産質は，現不動産質と呼ぶことにする）は，上記の学説のように，果実に対して優先権を認め債権を漸次回収するという面が強く現れた制度であった。しかし，明治民法の起草の際に，規定が変更されてしまった結果，旧不動産質は失われたのである。本節は，旧不動産質の内容とそれが失われた過程を，明治民法情報基盤を用いながら明らかにするものである。

　不動産質については，これまで研究の対象としてはほとんど扱われておらず，これに関する論稿はほぼ見当たらないと言ってもよい。これは，不動産質がほとんど利用されていない制度であることが，大きな理由であろう。また，不動産質が日本独自の制度であるという点も，研究の対象から外れてきた原因の一つだと思われる。

　不動産質の研究が乏しいため，旧不動産質と現不動産質の違いは，これまでほとんど意識されてこなかった。民法修正案理由書を見ても，旧民法と明治民法が異なる場合は，例えば，地上権では「既成法典ニ規定セル地上権トハ大ニ異ナルモノナリ」との記述があるし[154]，永小作権でも「二者大ニ相同シカラサル所アリ」と言った記述がある

参照。
(153)　鈴木禄弥「不動産質制度再活用のための立法論」別冊NBL10号（1983）8〜10頁。
(154)　広中・前掲注(116)277頁。

第1節　不動産質

(155)。これに対して、質権や不動産質に関しては、そのような類の記述は見られない。旧民法との違いとしては、「動産質及ヒ不動産質ハ共ニ質権ノ一種類」であるから、一つの章に規定したとの説明がある程度である(156)。

しかし、旧不動産質と現不動産質は、果実収取権に対する考えが全く異なっているのである。本章では、現不動産質やその他の制度との差異を示しながら、現行民法では失われてしまった旧不動産質の内容を明らかにする。そして、不動産質の立法沿革をたどることで、旧不動産質が失われた過程やその原因についての考察をおこなう。

そもそも立法沿革の調査は、複雑な立法資料相互の関係に留意しながら進めなければならないため、かなり困難な作業である。それゆえ、研究の対象とされなければ、立法沿革についても検討がされることはほとんどない。しかし、明治民法情報基盤を用いることで、比較的容易に、立法沿革の全体像を把握することができる。まずは、不動産質の検討を通じて、個別の規定の検討において、明治民法情報基盤が有用に機能することを示す。

なお、筆者は、このような旧不動産質の検討が、債権回収の新たな手段を示すことに繋がるのではないかと考えている。債権の回収手段として、担保目的物から得られる賃料は、非常に重要な要素となっている。賃料から優先的に弁済を受ける手段としては、抵当権の物上代位を利用する方法（372条による304条の準用）が議論されてきた(157)。

---

(155)　広中・前掲注(116) 288 頁。
(156)　広中・前掲注(116) 339 頁。
(157)　我妻説（我妻栄『新訂担保物権法（民法講義Ⅲ）』（岩波書店、1968）275〜276 頁）が通説であったが、それ以外にも様々な見解があった。最近の論文では、横田敏史「抵当権に基づく物上代位による賃料取得、担保不動産収益執行および妨害排除請求権行使の時期をめぐる統一的理解」秋田53号（2012）76〜85 頁に学説の状況が詳細に整理されている。

第3章　明治民法情報基盤を通した立法沿革研究

最二小判平元年 10 月 27 日（民集 43 巻 9 号 1070 頁）が，賃料への物上代位を肯定する立場を明らかにしたのを契機として，抵当権に基づく物上代位としての賃料差押えの方法が，実務上定着するようになった。さらに，民法 371 条が改正されたことにより，賃料に対する物上代位の可否については，決着が付いたとされている。もっとも，物上代位による債権回収方法には，様々な弊害があることが指摘されている[(158)]。

物上代位の弊害を考慮して新たに創設されたのが，担保不動産収益執行制度（民事執行法 180 条以下）である。担保不動産収益執行は，抵当権の法定果実に対する物上代位効（民法 371 条）に基づき，抵当不動産及び収益（給付請求権）を差し押さえた上，執行裁判所が選任する管理人において収益を収取し，収益執行を申し立てた抵当権者その他の配当受領権者に配当する手続である。

本節では，旧不動産質の内容とそれが失われた経緯を明らかにするものであり，立法論にまで踏み込むものではないが，旧不動産質を明らかにすることは，賃料から債権を回収する既存の手段に対して，示唆を与えるものではないかと考えている。

本節はまず，旧不動産質の内容を明らかにする（(2)(i)）。その上で，旧不動産質と現不動産質を比較して，その違いを明らかにする（(2)(ii)）。また，「不動産質」という言葉には，三つの異なるフランス語が当てられているため，この点からも，旧不動産質と現不動産質の違いを述べる（(2)(iii)）。旧不動産質と現不動産質の違いを明らかにした後に，旧不動産質および現不動産質の起草過程を順に追い，旧不動産質が失われた経緯とその原因について考察を行う（(3)）。その上で，旧不動産質・現不動産質の起草において重大な影響を及ぼした田畑質について説明し，慣習と起草との関係を考察する（(4)）。

---

(158)　この点については，本節(5)で紹介する。

第1節　不動産質

(2) 旧不動産質の内容と現不動産質の違い
(i) 旧不動産質の内容

　まず，旧不動産質を起草したボワソナードの考え方を確認する。そのためには，プロジェを確認する必要がある。Article History を使うことで，簡単に該当ページを開いて確認することができる。Article History のメニューから，旧民法の債権担保編中の不動産質をクリックすると，Article History の表中の該当箇所に飛ぶことができる。そこから，該当条文をクリックして詳細情報をポップアップさせ，そこから国立国会図書館デジタルコレクションで公開されているプロジェの該当ページにアクセスできる。民法史料集を使って資料にアクセスする方法もあるが，このアクセス方法だと該当ページを探しださなければならないので，Article History を使った方が良い。

　ボワソナードは，旧不動産質の起草にあたって，フランス民法典の「antichrèse」（アンチクレーズ）を念頭に置いている。「antichrèse」は，債権の担保として不動産の引き渡しを受け，引き渡された不動産の果実を収取することのみができる制度である。不動産の果実は，まず不動産の租税や，修繕費などの管理費が差し引かれる（フランス民法旧2086条）。その残額である純粋な利益を，まず担保している債権の利息に充当し，さらに残余があれば元本に充当することになる（フランス民法旧2085条）。ただし，「antichrèse」は，不動産そのものに対しての優先権がない点で，抵当権や現不動産質・旧不動産質とは大きく異なる。

　ボワソナードは，「antichrèse」を抵当権と比較して，三つの違いで説明している[159]。第1に抵当権者は抵当物を占有せず抵当物は債

---

(159) G.Boissonade, Projet de Code civil pour l'Empire du Japon accompagné d'un commentaire, 2ème éd., t.4, 1889, p.228（http://dl.ndl.go.jp/info:ndljp/pid/1367382/117）. 以下，引用にあたっては，Projet と略記する。『ボアソナード氏起稿　再閲修正民法草案註釈第四編』443〜444頁（http://dl.ndl.go.jp/

務者の手に残る，第2に抵当権者は果実について優先権がなく果実は債務者の手に残る，第3に抵当権は抵当物の売却代金に対して優先権がある，という3点である．

「antichrèse」は，不動産そのものに対する優先権がない制度であったが，ボワソナードは日本の慣習に合わせ，不動産そのものに対する優先権も認める，抵当権と結合した「antichrèse」として，草案に定めた．そして，果実に対する優先権のみである「antichrèse」の名称をそのまま用いるのは不適当であるとして，ボワソナードは，「nantissement immobilier」という名称を与えた[160]．

旧不動産質が，「antichrèse」と抵当権の結合だという考え方は，ボワソナード草案1132条（再閲修正民法草案1632条，旧民法債権担保編127条）[161]の規定によく表れている．この規定は，債権者である不動産質権者は，使用・収益により得られる利益よりも租税や管理費等の負担が大きい場合には，使用・収益権を放棄できるというものである．旧不動産質の考え方から言えば，「antichrèse」のみを放棄して抵当権を残すということになる．権利を放棄することができるのは一

---

info:ndljp/pid/1367411/225)．以下，引用にあたっては，『再閲修正民法草案第四編』と略記する．また，本書では，国立国会図書館デジタルコレクションで公開されている資料を用いた場合には，そのURLを記載する．URLの記載にあたっては，引用開始箇所のURLのみを記載している．アクセス日時は，2016年2月1日時点とする．

(160) Projet, 2éd, t.4, p.229 (http://dl.ndl.go.jp/info:ndljp/pid/1367382/118)．『再閲修正民法草案第四編』445頁 (http://dl.ndl.go.jp/info:ndljp/pid/1367411/226)．

(161) 本章において，ボワソナード草案は，Projet, 2édでの条文番号を指し，再閲修正民法草案は，『再閲修正民法草案第四編』での条文番号を指す．いずれも同趣旨であるため，ここでは旧民法の条文のみ掲げておく．旧民法債権担保編127条「質取債権者ハ如何ナル反対ノ合意アルニ拘ハラス常ニ己レノ為メ負担重キニ過クルト思慮スル収益権ヲ将来ニ向ヒテ抛棄シ無利息ニテ抵当権ノミヲ存スルコトヲ得然レトモ適当ノ時期ニ非サレハ之ヲ為スコトヲ得ス」．

第 1 節　不 動 産 質

般の原則であるから，このような放棄も可能であり，債務者に特別不利益だということもないと，ボワソナードは説明している[162]。この規定からわかるように，ボワソナードにとって，旧不動産質は，「antichrèse」と抵当権の結合であり，両者は不可分のものではなかった[163]。

ボワソナードは「antichrèse」を念頭に旧不動産質を起草しているが，実際の旧不動産質の内容は，「antichrèse」と全く同一ではなく，日本の慣習に配慮して，修正を加えている。ボワソナードは，不動産質の対象となる不動産を宅地建物[164]と田畑に分けて規定をしている[165]。宅地建物に関しては，「antichrèse」をそのまま利用しているが，田畑については，果実と利息を計算せず相殺されたものとみなすとして，「antichrèse」とは異なる規定になっている。

これは，日本に田畑質という田畑の質入の慣習が存在し，その慣習では，果実を収取できるかわりに利息がないという形式になっていた

---

(162)　Projet, 2éd, t.4, pp.238-240（http://dl.ndl.go.jp/info:ndljp/pid/1367382/123)．『再閲修正民法草案第四編』465 頁（http://dl.ndl.go.jp/info:ndljp/pid/1367411/236）。

(163)　明治民法の立法過程において，旧民法債権担保編 127 条は削除されている。起草委員がこの規定を削除した理由は，この規定は質権者に便利であるが，一方の意思で当事者の当初の合意を破るというのは不公平であるという考えによる。そして，負担が重い場合には，不動産質全体を放棄すればよいと考えていた（『法典調査会民法議事速記録第十五巻』（日本学術振興会）64 丁表〜裏（http://dl.ndl.go.jp/info:ndljp/pid/1367542/65））。

(164)　現行民法では，土地と建物は別個独立の不動産であるが，旧民法では，土地と建物は一体であるというヨーロッパ流の制度であったことに留意する必要がある。

(165)　ボワソナードが起草した原文は，「biens urbains」（市府ノ財産）と「biens ruraux」（田舎ノ財産）と表現されているが（ボワソナード草案 1131 条，再閲修正民法草案 1631 条），起草理由を合わせて読めば，その意図するところは同じであると考えられる。

ことに基づいている。また，田畑から得られる果実は天然果実であり，これを金額に査定することが難しいという実際問題もあった。ボワソナードは，これらの点を考慮し，田畑に関しては慣習をそのまま維持し[166]，利息と果実を相殺するという制度にしている[167]。これに対して，宅地建物に関しては，田畑の質入のような慣習がないとされていた。そのため，ボワソナードは，「antichrèse」の方式をそのまま導入している。

田畑質の存在は，ボワソナードが旧不動産質を考案するきっかけになったものと思われる。当時のヨーロッパで「antichrèse」はほとんど使われていなかったようである。一方で，日本の田畑質は広く利用されていた。ボワソナードは，その差をもたらすものとして，不動産の売却代金に優先権が認められるという点に注目している[168]。しかし，田畑質を評価する一方で，果実と利息が相殺されるという点は，かなり問題視しているように思われる。だからこそ，不動産質の原則としては，「antichrèse」の方式をかかげ，田畑の場合に限定して果

---

(166) 慣習の維持は，旧不動産質の期間についても表れている。旧不動産質の期間は30年とされているが，これは，日本の慣習をそのままにしたと説明している（Projet, 2éd, t.4, pp.229 (http://dl.ndl.go.jp/info:ndljp/pid/1367382/118). 『再閲修正民法草案第四編』447頁 (http://dl.ndl.go.jp/info:ndljp/pid/1367411/227))。しかし，30年というのはボワソナードの誤解であり，地所質入書入規則4条では3年とされていた。法典調査会において，富井政章は，ボワソナードが3年を30年と読み間違えたものと説明している（『法典調査会民法議事速記録第十五巻』（日本学術振興会）89丁裏〜90丁表 (http://dl.ndl.go.jp/info:ndljp/pid/1367542/91))。

(167) Projet, 2éd, t.4, pp.237-238 (http://dl.ndl.go.jp/info:ndljp/pid/1367382/122). 『再閲修正民法草案第四編』462〜463頁 (http://dl.ndl.go.jp/info:ndljp/pid/1367411/235)。

(168) Projet, 2éd, t.4, p.228 (http://dl.ndl.go.jp/info:ndljp/pid/1367382/118). 『再閲修正民法草案第四編』444〜445頁 (http://dl.ndl.go.jp/info:ndljp/pid/1367411/226)。

実と利息の関係を修正している。しかも、田畑の場合でも、反対の合意をすることが可能であることをわざわざ明示している（ボワソナード草案1131条2項、再閲修正民法草案1631条2項、旧民法126条2項）。

(ii) 旧不動産質と現不動産質の違い

表3-1は、ボワソナードが用いた三つのポイントを用いて各制度を比較したものである。筆者の主張は、旧不動産質と現不動産質が異なるというものであるが、この表からは両者に違いがない。

旧不動産質と現不動産質の違いは、果実収取権の態様にある。旧不動産質の果実収取権の考え方は、本節(2)(i)で説明した通り、「antichrèse」に基づいている。「antichrèse」を有している債権者は、その果実をまず利息に充て、それを超過したときに元金に充当することになる。利息がない契約の場合には、すべて元金に充当する。この「antichrèse」の果実収取権の態様は、果実を債務の弁済として受けとったのと同様であることを示していると考えられる。なぜなら、弁済は、利息、元本の順に充当することが原則となっている（491条、旧民法財産編472条[169]）からである。なお、この充当の原則は、旧民法でも現行民法でも同じである。

表3-1 各制度の比較(1)

	担保目的物の占有移転	担保目的物に対する優先権	担保目的物の果実に対する優先権
antichrèse	○	×	○
旧不動産質	○	○	○
現不動産質	○	○	○
抵当権	×	○	×

---

(169) 旧民法財産編472条2号「費用及ヒ利息ヲ先ニシ元本ヲ後ニス」。

これに対して現不動産質では,「質権の目的である不動産の用法に従い,その使用及び収益をすることができる」(356条) 代わりに,「債権の利息を請求することができない」(358条) とされているのみである。民法修正案理由書によれば,356条と358条の関係は,不動産の使用収益に基づく利得と貸金の利息を相殺したものだとされている[170]。旧不動産質が果実の実際の価値に基づいて精算し弁済として受け取る方式であるのに対して,現不動産質は果実の価値を利息と同等であるとみなし精算せずに相殺する点に違いがある。

「antichrèse」の果実収取権の態様は,特別なものではなく,むしろ一般的な方式である。留置権者も債務者の承諾を得ることで担保目的物を使用・収益することができ (298条2項),その果実については優先弁済権が与えられる (297条1項)。そして,果実は,弁済の原則に従って充当することになる (297条2項)[171]。これらの規定は,質権総則にも準用されている (350条)[172]。また,旧民法でも同様の規定群が存在する[173]。以上のことから,現行民法でも旧法でも,債

---

(170) 広中・前掲注(116)347頁。

(171) もっとも,留置権においては,被担保債権 (例えば目的物の修理代金) よりも目的物の価格が上回るのが通常であり,かつ,被担保債権が高額となることが想定される場合には,期限の許与が認められるため (民法299条2項),弁済充当が問題となることは少ないと思われる。

(172) もっとも,動産質においては,一般的に生み出す果実が低廉であるため,弁済充当が問題となることは少ないと思われる。

(173) 旧民法債権担保編106条「質取債権者ハ債務者ノ許諾ヲ受ケスシテ質物ヲ賃貸スルコトヲ得ス又債務者ノ許諾ヲ受ケタルトキ又ハ物ノ使用カ其保存ニ必要ナルトキニ非サレハ自ラ之ヲ使用スルコトヲモ得ス」。

旧民法債権担保編94条2項「然レトモ留置物ヨリ天然又ハ法定ノ果実又ハ産出物ノ生スルトキハ留置権者ハ他ノ債権者ニ先タチテ之ヲ収取スルコトヲ得但其果実又ハ産出物ハ其債権ノ利息ニ充当シ猶ホ余分アルトキハ元本ニ充当スルコトヲ要ス」。

旧民法債権担保編108条「質物カ果実又ハ産出物ヲ生スルトキハ之ニ関シ

第1節　不動産質

表3-2　各制度の比較(2)

	担保目的物の占有者	担保目的物に対する優先権	担保目的物の果実に対する優先権	果実収取権による充当の態様
antichrèse	債権者	×	○	弁済
旧不動産質	債権者	○	○	弁済（田畑を除く）
現不動産質	債権者	○	○	相殺
留置権	債権者	×	○（承諾が必要）	弁済
動産質	債権者	○	○（承諾が必要）	弁済

権者が担保目的物を占有するタイプの担保物権において，果実を得る場合には，弁済と同様の方式で充当するというのが原則ということになる。このように見ると，現不動産質の果実収取権が，例外的な位置づけにあることがよく分かる（表3-2参照）。起草委員の一人である梅謙次郎は，『民法要義』において，不動産質については356条から358条の規定があるので，297条から299条の規定は不動産質に適用することはできないとしており，現不動産質が例外であることを明記している[174]。

(iii) **翻訳語上の違い**

以上の通り，「antichrèse」，旧不動産質，現不動産質は，それぞれ内容が異なる。では，それぞれどのように翻訳されていたのだろうか。用語変遷追跡 Bilingual KWIC を使うことで，比較的容易に翻訳の分析をすることができる。

まず，フランス民法典の「antichrèse」をどのように翻訳していたのかを調査する。左側に①，右側に②のテキスト[175]を設定し Cascade

---

　質取債権者ハ第九十四条第二項ニ定メタル留置権者ノ権利及ヒ義務ヲ有ス」。
(174)　梅謙次郎『訂正増補民法要義巻之二物権編』（有斐閣，1911）455頁。
(175)　テキストの①〜④については，本書第2章第4節(4)を参照。

第3章　明治民法情報基盤を通した立法沿革研究

図 3-1 「antichrèse」の検索結果

モードで「antichrèse」を検索すると，左側に「不動産ノ質」，右側に「不動産質」が結果として表示される（図3-1）。これは，箕作麟祥が，フランス民法典の「antichrèse」に対する訳語として，当初「不動産ノ質」という言葉を使い，最終的に「不動産質」という言葉を使ったことを示している[176]。しかし，「antichrèse」が現不動産質とは異なることは，本節(2)(ⅰ)ですでに述べたところである。

次に，旧不動産質であるが，これもすでに述べた通り，ボワソナードは，自身が作った制度が「antichrèse」とは異なるものであるとして，「nantissement immobilier」という名称を付けた。③のテキストを使用して「nantissement immobilier」を検索すると，旧民法において「不動産質」と対応していることがわかる。また，①と④のテキストをセットしParallelモードで「nantissement immobilier」を検索することで，「nantissement immobilier」というフランス語が，フランス民法と明治民法のいずれでも使われていないことが確認できる。

最後に，現不動産質がどのようにフランス語訳されているかを明らかにする。旧民法と明治民法の違いを明確にするために，両者を対比

---

(176)　「antichrèse」は，現在でも「不動産質」と訳されている（山口俊夫編『フランス法辞典』（東京大学出版会，第2版，2011）30頁）。梅謙次郎は，「antichrèse」に対して，「用益質」という訳を当てている。梅・前掲注(174) 471頁。

第 1 節　不動産質

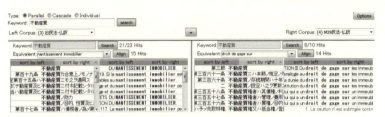

図 3-2 「不動産質」の検索結果

させて確認することにする。③と④のテキストを左右にセットし，Parallel モードで「不動産質」を検索する（図3-2）。③の方では，やはり「nantissement immobilier」が推定結果として表示される。これに対して，④の方には，「droit de gage sur」が推定結果として表示されるが，これは少し間違っている。前後の文脈を見て確認すると，「droit de gage sur les immeubles」という訳が当てられていることがわかる。

このように，日本語で同じく「不動産質」と言っても，フランス語では「antichrèse」，「nantissement immobilier」，「droit de gage sur les immeubles」という三つの異なる言葉になっていることがわかる。ここまでが用語変遷追跡 Bilingual KWIC を使って明らかにできる違いである。以下，その先の考察について述べておく。なお，以下の考察にあたっても，用語変遷追跡 Bilingual KWIC は利用したが，その部分の記述は省略する。

日本語で「質」と翻訳されるフランス語の単語は，それぞれ「antichrèse」，「nantissement」，「gage」の三つである。「antichrèse」については，すでに説明したとおりである。「gage」は，動産質を言うのが一般的である[177]。これに対して，「nantissement」は，広義の質を指し，「債務者が負債の担保として，ある物を自己の債権者に引

---

(177)　山口・前掲注(176)246頁。

125

き渡す契約」である。また,「nantissement」のうち,動産の質は「gage」と呼ばれ,不動産の質は「antichrèse」と呼ばれると説明されている[178]。図3-3は,これら三つの関係を,フランス語の辞書的意味に基づいて図示したものである。

図3-3 質に関するフランスの体系図

ボワソナードは,この関係を前提に「nantissement immobilier」を加えており,追加すると図3-4のようになる。「antichrèse」と「nantissement immobilier」の大きな違いは,不動産そのものに対して優先権があるかどうかである。

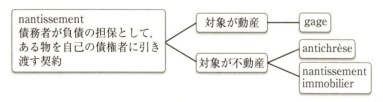

図3-4 質に関するボワソナードの体系図

これに対して,富井らの『仏訳日本帝国民法典』で使われている不動産質の訳は,フランス語の意味からすると,奇妙な訳である。「gage sur les immeubles」を直訳すると,「不動産上の動産質」,すなわち,不動産を動産質に入れるという矛盾した表現になる。不動産

---

(178) 山口・前掲注(176)380頁。

第1節　不動産質

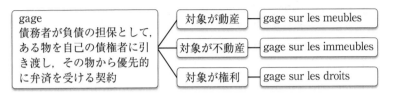

図 3-5　質に関する日本の体系図

質だけではなく,「質権」,「動産質」,「権利質」も,奇妙な訳が当てられている。『仏訳日本帝国民法典』において,「質権」は「droit de gage」,「動産質」は「droit de gage sur les meubles」,「権利質」は「droit de gage sur les droits」と訳されている。「質権」は,すべての質権の上位概念であるから,フランス語に照らせば「nantissement」のはずである。「動産質」は,「gage」がそもそも動産の意味を含んでいるから,「meubles」は重複した表現である。「権利質」は,権利という物ですらないものを,動産質に入れるという表現になっている[179]。このように,それぞれ個別に見ると奇妙な訳が当てられている。

しかし,この四つの訳語は,全体として見た場合には,体系的な訳になっているものと考えられる。すなわち,図 3-5 のように「gage」という概念が上位にあり,動産質,不動産質,権利質は,それぞれ「gage」の対象が異なるという体系である。ただし,ここでいう「gage」は,フランスの「gage」とは異なる定義となる。日本の質権の定義がそのまま当てはまり,「nantissement」の定義と平行になるように表現すれば,「債務者が負債の担保として,ある物を自己の債権者に引き渡し,その物から優先的に弁済を受ける契約」となる。

---

[179] 現行民法は,物概念を有体物に限っており（民法 85 条），権利は物に含まれない。これに対して,フランス民法や旧民法は,権利は物に含まれており,動産質の方に分類されている。

第3章　明治民法情報基盤を通した立法沿革研究

「nantissment」の定義との違いは，「その物から優先的に弁済を受ける」という要素が追加されていることである。

　このように訳語を体系化して比較すると，質権に対するフランスとの考え方の違いや，翻訳者の意図が見えてくる。フランスでの質権は，債務者が負債の担保としてある物を債権者に引き渡すところまでが，いわば最大公約数であり，どのような優先権が与えられるかは，質権の要素ではない。一方，日本の質権は，債務者が負債の担保としてある物を債権者に引き渡すだけではなく，さらにその物から優先的に弁済を受けるところまでが，最大公約数となる。「gage」は，対象が本来は動産ではあるものの，担保に供した物から優先的に弁済を受けるという点で，「nantissment」よりも，日本の「質権」を表すのにふさわしいと，『仏訳日本帝国民法典』の翻訳者は考えたのではないだろうか。

　このようにフランス語を使って概念を比較した場合，訳語が単純に異なるのみならず，質権の定義が，日本とフランスでは異なっていることがわかる。また，日本の「gage」の体系は，「nantissement」の体系と比較すると，結果として不動産質の果実収取権を見えにくくしてしまっていると思われる。フランスの「nantissement」の体系は，優先権の対象については定義しないため，個々の質権がどのような優先権を持っているかは，さらに個別に見ていくことになる。これに対して「gage」の体系は，担保目的物に優先権が認められることが定義に盛り込まれ，個々の質権は目的物の性質が異なるだけ，という形で体系化がなされている。質権の典型例である動産質が，原則として果実収取権を持たないため，現不動産質が持つ果実収取権は，不動産が持つ特性からの修正という位置づけに留まる。その結果，現不動産質において，果実を利息と相殺するという規定も，それほど異質なものとしては映らなくなっていたのでないだろうか。

第 1 節　不 動 産 質

(3)　旧不動産質が失われた経緯
(i)　法律取調委員会での議論

　旧不動産質と現不動産質は，果実収取権の態様について，弁済方式と相殺方式という差異があることが明らかになった。では，どのような過程を経て，旧不動産質から現不動産質へと変異していったのであろうか。まず，法律取調委員会での議論を見ていくことにする。

　この調査は，まさに Article History が想定しているものである。Article History を使うと，不動産質を規定した旧民法116条から130条は，法律取調委員会では原案1121条から1135条に該当することがすぐにわかる。そして，条文番号をクリックしてウィンドウをポップアップさせ，議事筆記へのリンクをクリックすると議事筆記の該当箇所をすぐに読むことができる。

　原案1121条から1135条の中で注目すべき議論は，旧民法126条に該当する法律取調委員会原案1131条での議論である[180]。ここでは，同じ不動産質でありながら，田畑と宅地建物で対応を二つに分けることがおかしいということで問題になった。報告委員である栗塚省吾は，利息と果実が相殺される慣習を懐疑的に見ながら，この点について回答をしている。すなわち，どの国の法律を見ても，日本の田畑質のように利息と果実を相殺するようなものはない。果実は，その年ごとの豊凶により変わるが，利息がそれに合わせて変わったりすることはない。だが，田畑山林に存在している慣習を乱すことはできない。一方で，宅地建物に関しては，そのような慣習がないから，弁済方式で充当されるという規定が妥当する，という説明である。これに関連して，宅地建物に対する質が慣習としてあるかどうかについての議論もされたが，そのような質はないとの考えで決着している。

---

(180)　『法律取調委員会 民法草案債権担保議事筆記 自第七十七回至第八十一回』（日本学術振興会）18丁表～23丁表 (http://dl.ndl.go.jp/info:ndljp/pid/1367431/20)。

その後の再調査案に関する法律取調委員会でも、旧民法126条に該当する法律取調委員会再調査案1131条の議論[181]は、本節の主題との関係で注目される。ここでは、反対意見はなく、むしろボワソナードの実質的な考えが率直に言及されている。すなわち、田畑についてはその精算が煩雑であるため相殺するというのは巧みなやり方だとの発言に対し、南部甕男は、田畑のことは慣習がすでにあるから仕方がないということでボワソナードが折り合いを付けた、ということを述べている。

以上の通り、法律取調委員会では、田畑と宅地建物で対応を2通りに分けることに疑問が呈されたものの、ボワソナードの考えの基本は認知されていた。その後の立法手続きでも、内容は大きな変更がなされることがなく、ボワソナードの不動産質は、旧民法にそのまま採用された。

(ii) **法典調査会での議論**

(a) 甲18号354条・355条に関する議論

現不動産質は、果実収取権の態様において、旧不動産質および旧民法とは異なっていることは、すでに述べたとおりである[182]。この変化は、どこで生じたのであろうか。Article History を使うと、この点はすぐに明らかになる。不動産質に関する条文を見ていくと、原案の甲18号355条が、次のように起草されており、その後大きく変更されていることに気づく。

---

(181) 『法律取調委員会 民法担保編再調査議事筆記 第一巻』(日本学術振興会) 126丁裏~128丁表 (http://dl.ndl.go.jp/info:ndljp/pid/1367439/130)。

(182) なお、不動産質に関する旧民法の規定と明治民法の規定を比較すると、旧民法は15箇条あるのに対して、現行民法は6箇条であり、半分以上が削除されている。しかし、削除の多くは、質権総則に規定がある、質権の原理・原則から導くことができる、登記に関する事項である、といった理由からおこなわれており、これらは、不動産質の内容の変異とは関連しない。

第1節　不動産質

甲18号355条
　不動産カ果実ヲ生スル場合ニ於テハ質権者ハ其果実ヨリ不動産ノ負担及ヒ管理ノ費用ヲ控除シ其残額ヲ以テ第二百九十六条ノ規定ニ従ヒ債権ノ弁済ニ充当スルコトヲ得
　田畑山林ノ質ニ付テハ果実ト利息トハ計算セスシテ相殺シタルモノト推定ス

　この規定は，旧不動産質の重要な要素を余すところなく示した上で，非常に簡潔に表現している。第1項では，果実から，租税などの不動産の負担と管理費をまず控除し，その残額を決議案296条[183]に従って，利息，元本の順に充当するとしている。第2項は，田畑山林について規定しており，果実と利息を相殺したものと推定するとしている。第1項は，不動産質の果実による充当方法の原則を示しており，第2項は，田畑山林に関する例外となっている。しかも，田畑山林に関しては「推定」となっているため，契約によって原則的な充当方法である弁済方式にすることを妨げないことが示されている。

　議事速記録を読むと，起草担当者である富井政章も，甲18号355条の説明において，旧民法担保編126条を少しも改めていないと説明している。法典調査会での答弁から見ても，起草委員は，旧不動産質の果実の処理方法を合理的な処理と捉えて，明治民法に活かそうとしていたと考えられる。しかし，Article Historyを見ると，この規定には全く異なる文言の修正案が提出され，そのまま変更されず公布されたことがすぐにわかる。

---

(183)　甲18号355条でいう296条とは，法典調査会で議決された決議案296条のことである。「留置権者ハ留置物ヨリ生スル果実ヲ収取シ他ノ債権者ニ先チテ之ヲ其債権ノ弁済ニ充当スルコトヲ得　前項ノ果実ハ先ツ之ヲ債権ノ利息ニ充当シ猶ホ余分アルトキハ之ヲ元本ニ充当スルコトヲ要ス」。これは，現在の297条に該当する。

第 3 章　明治民法情報基盤を通した立法沿革研究

Article History の表を見ると，甲 18 号 355 条と同じく甲 18 号 354 条にも修正案が出されており，文言が大きく変更されたことに気づく。起草委員は，甲 18 号 354 条を次のように起草している。

甲 18 号 354 条
　不動産質権者カ自ラ不動産ヲ使用スル場合ニ於テハ其不動産ノ負担及ヒ管理ノ費用ヲ払フコトヲ要ス
　前項ノ場合ニ於テ質権者ハ其債権ノ利息ヲ請求スルコトヲ得ス

旧民法債権担保編 126 条では，「自ラ之ヲ領スルト之ヲ賃貸スルトヲ問ハス」とされており，自ら使用する場合においても果実の価格を評価して，債権に充当することになっていた。しかし，起草担当者である富井政章は，これが煩わしいと考え，自己使用の場合は，相殺するという田畑と同様の処理にするように修正したと説明している[184]。

議事速記録を読むと，この自己使用を区別することが問題となり，他の委員から修正意見が出されたことがわかる[185]。それは，甲 18 号 354 条の「自ラ」という言葉を削り，自己使用とそれ以外を区別せず，すべて相殺する方式に統一するという意見である。その中心は，横田國臣の主張であった。横田國臣は，抵当権と不動産質との性質の

---

(184)　『法典調査会民法議事速記録第十五巻』（日本学術振興会）69 丁表（http://dl.ndl.go.jp/info:ndljp/pid/1367542/70）。

(185)　『法典調査会民法議事速記録第十五巻』（日本学術振興会）69 丁裏～82 丁裏（http://dl.ndl.go.jp/info:ndljp/pid/1367542/71）。この他，磯部四郎は，質権者自ら不動産を使用した場合には元本に充当できないのに，同じ不動産を人に貸す場合には元本に充当できる，それだけの区別ができるほどの立法上の根拠があるのかという質問をしている（『法典調査会民法議事速記録第十五巻』（日本学術振興会）70 丁裏～71 丁表（http://dl.ndl.go.jp/info:ndljp/pid/ 1367542/72）。）。磯部四郎の質問に対しては，自己使用の場合は価格の評価が煩わしいことと，反対の契約をしておくことができるという点を起草者は回答しており，この質問はそれほど問題だとは思われない。

第 1 節　不動産質

違いは，債権者である質権者がその不動産を支配して自由にできるかどうかであり，自由にできる以上，自ら使用するか他人に使用させるかは質権者の勝手である。そして，不動産からの利益を利息と見て，質権者は，あとは元金だけを回収できればよい。これを原則とするのが，日本の慣習にちょうど当てはまると主張した。これに対して富井政章は，その慣習が田畑にあるのは明らかであるが，宅地建物にはそのような慣習はないのではないか，そして，果実の金額が決まっているような場合には，充当で処理したほうが公平であるという考えを述べている。甲 18 号 354 条に関する横田國臣の意見は，結局多数の支持は得られず，原案が可決される。

しかし，甲 18 号 355 条において，甲 18 号 354 条の内容が再び問題となる[186]。甲 18 号 354 条での議論は，原理に関する観念的な主張が中心であったが，甲 18 号 355 条の議論は，具体的な場面を想定しての疑問が出された。第 1 に，質権者が無賃で親戚や友人に貸して果実が生じないという場合である。これに対して富井政章は，前条の「自ラ不動産ヲ使用スル場合」に含まれるのではないかと回答している。第 2 に，家賃を 10 円にできるところを 3 円にした場合のように，不当に廉価な家賃を設定した場合である。これに対して梅謙次郎は，その場合は債務者から異論を申し立てることができ，甲 18 号 353 条の「用方ニ従ヒ」に含まれるのではないかと回答している。以上の起草委員の答弁に対しては，字句からそのような解釈はできないという批判がなされる。結局，一度可決された甲 18 号 354 条も含め，原案を修正することとなった。

起草委員は，原案の主義のまま上記の弊害を回避する方向で書き直そうとしたようであるが，結局諦めて，横田國臣の出した意見を採用

---

(186)　『法典調査会民法議事速記録第十五巻』（日本学術振興会）83 丁表～87 丁裏（http://dl.ndl.go.jp/info:ndljp/pid/1367542/84）。

し，相殺にすべて統一する現不動産質を修正案として提出した。この修正案は，特に議論もなく可決された[187]。こうして，旧不動産質は，失われたのである。

(b) 甲18号354条・355条の分析

起草委員の原案を分析すると，甲18号354条の存在により，制度全体として整合性が取れない事態が生じている。旧民法債権担保編126条は，自己使用と他人使用を区別せず，宅地建物と田畑とを区別するのみである。これに対して法典調査会原案は，まず，甲18号354条で，自己使用の場合は相殺方式で処理することを規定している。甲18号354条が自己使用について規定しているので，甲18号355条は，他人に使わせることを想定した規定のはずである。そうすると，355条2項は，田畑を他人に使用させている場合の規定であることになる。田畑であっても，他人に使用させれば，その使用者から，賃料等の法定果実が得られることが想定される。この場合，弁済方式で処理していくのが，起草委員の説明に適合するはずである。なぜなら，法定果実として得られた場合には，精算することは煩雑ではないからである。しかし，起草委員は，この場面を相殺方式にしてしまっている（表3-3参照）。

表3-3　原案の果実収取権の規定

	自己使用 （甲18号354条）	他人使用 （甲18号355条）
宅地建物	相殺	弁済
田畑等	相殺	<u>相殺</u>

---

(187) 『法典調査会民法議事速記録第十五巻』（日本学術振興会）149丁表～裏（http://dl.ndl.go.jp/info:ndljp/pid/1367542/50）。

第1節　不動産質

　もっとも，起草委員が着目した，自己使用とそうでないものを区別する点は，ある面では，旧不動産質の考え方よりも優れていたと筆者は考えている。明治民法の起草委員たちが，精算するのが難しいと説明した場面は，田畑を自己使用して天然果実を得ている場合や宅地建物を自己使用している場合である。このような場面では，自己の使用や天然果実を価格として評価しなおさなければならず，それが煩わしいとしている。これは，どちらも自己使用の場合であり，法定果実が発生しない場合と言い換えることもできる。つまり，起草委員が相殺方式の根拠とした精算の煩雑さは，宅地建物であるか田畑であるかとは関係がない。

　また，甲18号354条は，甲18号355条を旧不動産質の通り維持したことと相まって，弁済方式で処理する場面が，かなり限定されてしまった。図3-6は，表3-3に合わせて旧不動産質を示し，比較したものである。図を見ると明らかなように，法典調査会原案の態様は，弁済方式で処理する場面が限定され，例外のように見える状態となっている。このことは，相殺方式に一本化するという議論を生み出しやすかったのではないだろうか。

旧不動産質の態様

	自己使用	他人使用
宅地建物	弁済	弁済
田畑等	相殺	相殺

法典調査会原案の態様

	自己使用	他人使用
宅地建物	相殺	弁済
田畑等	相殺	相殺

図 3-6　果実収取権の態様の比較

(c)　参照外国法令から見た不動産質

　「第九章　質権」の原案である甲18号議案の起草担当者は富井政章である。そこでまず，富井の参照傾向を「参照外国法分析器」で確認する。ドイツ帝国法の参照割合の平均が約66.0％であるのに対して，

第3章　明治民法情報基盤を通した立法沿革研究

富井のドイツ帝国法の参照割合は約75.9%で，3人の起草委員の中では最も多い。富井はドイツ法の参照傾向が強いとされてきたが[188]，実際の数値でも，このことが示されたことになる。

次に，「第九章 質権」は物権編に属しているので，物権編という視点で参照傾向を確認する。物権編の参照割合の大きな特徴の一つは，ドイツの参照割合が低いことである。参照外国法令中，ドイツ帝国法の参照回数が最も多く，実際に他の4編では，ドイツの参照割合が1位である。これに対して，物権編だけドイツの参照割合が6位となっている。外国法の参照だけに基づけば，ドイツ法は日本民法典に最も影響を及ぼしているが，物権編だけは，ドイツ法の影響が小さいと言える。

以上の傾向に対して，「第九章 質権」の参照傾向はどうなっているだろうか。周知の通り，本章はさらに，「第一節 総則」，「第二節 動産質」，「第三節 不動産質」，「第四節 権利質」に分かれている。富井はこれらの条文の起草にあたって，総則の全9ヶ条中8ヶ条，動産質の全4ヶ条中4ヶ条，権利質の全7ヶ条中6ヶ条という高い割合で，ドイツ民法第一および第二草案を参照している。物権編は，ドイツ帝国法の参照割合が唯一低い編であったが，その中においても，富井は，これら三つの節でドイツ法を高い割合で参照している。三人の起草委員の中で最もドイツ法を参照している富井の傾向が表れたものと考えられる。

しかし，その中において，不動産質の全6ヶ条については，ドイツ法を全く参照していない。富井のドイツ法の参照傾向を踏まえれば，ドイツ法の影響が強い質権にあって，不動産質の規定だけがその例外にあったと言える。参照外国法の観点からは，質権の中で異質であった不動産質の規定が，他の質権に合わせて修正されたことは，自然の

---

(188)　仁井田＝穂積＝平野・前掲注(97)24頁。

第 1 節　不動産質

成り行きであったとも考えられる。

(4) 慣習としての田畑質

　以上の検討により，旧不動産質と現不動産質の変異の過程が明らかとなった。その変異において強い影響を及ぼしたのは，日本に存在していた田畑質の慣習である。そもそも田畑質の存在は，ボワソナードが旧不動産質を起草する要因ともなっている。このように大きな影響をもたらした田畑質とは，どのようなものだったのだろうか[189]。この調査については，残念ながら明治民法情報基盤でサポートされていない。ここから先は，法制史の基本書に基づいた検証を示すことにする。

　旧民法以前の不動産担保には，田畑質，家質，書入の3種類があった[190]。このうち，書入が現在の抵当権にほぼ該当するということはよく知られている。

　田畑質の内容は，ボワソナードや法典調査会の参照した通りである。すなわち，田畑の占有を債権者（質取主）に移し，債権者は田畑を運

---

[189] 不動産質について，明治以前の制度と関連させた研究としては，近江幸治「不動産の質・譲渡担保・所有権留保」NBL266号（1982）30頁以下参照。近江の論稿が，不動産質と買戻しの形態の共通性に着目し両者の由来を明らかにすることを主眼としているのに対して，本節は，果実収取権の相殺方式の由来を解明することを目的としている。近江の論稿では，「質入」と広く表現されているが，本節では「田畑質」と「家質」に分けて検討している。なお，近江の論稿では，わが国の旧慣，フランス法，ドイツ法に関する比較研究がなされているが，本節が重要視する旧民法や明治民法の実際の起草過程には触れられていない。

[190] この3種類の区分は，法制史の多くの基本書で使われている。例えば，牧英正＝藤原明久編『日本法制史』（青林書院，1993）207頁以下，浅古弘＝伊藤孝夫＝植田信廣＝神保文夫編『日本法制史』（青林書院，2010）200頁以下などを参照。

137

用して得た収益を利息として収取し，債務者（質入主）は元本を弁済して田畑を受け戻すというものである。

しかし，田畑質と言っても，いくつかの形態があったようである。使用・収益に着目すれば，債権者がみずから耕作する場合，債務者に小作させる場合（直小作と呼ばれる），債務者以外の他人に小作させる場合（別小作と呼ばれる）の3パターンに分かれていた[191]。直小作は，占有改定による質入れ方法であるが，特別な文言は必要とされるものの，禁止されていないということである。また，直小作は，債務者が小作料を支払うため，書入とは異なる。興味深いのは，その小作料が，借金の利息制限法と同じく，元金の15パーセント以内とされていたという点である。すなわち，実体としては小作料の支払いはまさに利息の支払いに他ならず，使用・収益による利益と利息が相殺されていたというのは不適当である。

また，田畑質は，田畑永代売買の禁止を回避する手段としても用いられていた[192]。田畑永代売買の禁止は，幕府が寛永20(1643)年に「田畑永代売買御仕置」として出したもので，年貢徴収体制の維持や小農の没落防止などを目的としていた。この禁令は，明治5年まで継続した。現実には，質入れ・質流れという形態や，買戻し特約付き売買を使うことで回避され，実効性はあまりなかった[193]。田畑永代売買の禁止を回避する手段として見た場合にも，使用・収益による利益と利息が相殺されているという見方は不適当である。なぜなら，実体としてみれば，債権者は実は買主で所有権者であり，債務者は実は売主で所有権を喪失したのであり，元金とは売買代金に他ならない。買

---

(191) 牧＝藤原・前掲注(190)207～208頁，石井良助『体系日本史叢書4 法制史』（山川出版社，1964）224～225頁，小早川欣吾『日本担保法史序説』（法政大学出版局，1979）376頁など。

(192) 浅古＝伊藤＝植田＝神保・前掲注(190)193～194頁など。

(193) 牧＝藤原・前掲注(190)201頁など。

第1節　不動産質

主である所有権者が果実を収取するのは当然であるし，元金は売買代金であるのだから利息というものは発生し得ないのである。

　家質は，占有移転しないまま家屋敷を質入れする形態であり，都市部の商人たちにより，頻繁に用いられていた。占有を移転しないため，書入との区別が問題となるが，家質は次の二つの点で書入と異なる。ひとつは，期日までに債務の弁済がない場合，家屋が債権者に引き渡されるという点である[194]。もうひとつは，債務者が債権者に対して賃料（宿賃）を支払うというという形式である。これは，債権者が所有する家屋に債務者が居住しているという外観を作出しているものであり，家賃という名目を使って利子を支払っていることになる[195]。この点で実質的には書入と変わらないが，書入に関する訴訟が金公事として扱われ保護が薄かったのに対して，家質の場合は，家賃の公事が本公事として扱われ保護が厚かった。すなわち，家質は担保手段として確実な方法だったため，広く用いられていたのである[196]。

　このように家質も存在していたが，田畑質と異なり，法律取調委員会でも法典調査会でもほとんど考慮されなかった。唯一，法典調査会において中村元嘉だけが言及しており，家質というものがあって債権者には引き渡しをしないという形態であったということを述べている[197]。

　田畑質の慣習が広く存在していたため，旧民法でも明治民法でも，その慣習を残すための起草がなされた。しかし，田畑質にも種々の形

---

(194)　石井・前掲注(191)223～224頁。
(195)　ただし，家質のやり方は，江戸と大坂で違いがあり，また時代によっても若干の違いがある。債権者に支払う名目が賃料ではなく利息とされている形式もあり，書入と判断されることもあったようである。
(196)　石井良助「家質の研究」国家73巻（1959）222～223頁。
(197)　『法典調査会民法議事速記録第十五巻』（日本学術振興会）81丁表～裏（http://dl.ndl.go.jp/info:ndljp/pid/1367542/82）。

態や実体があった。そのような形態が生まれたのは，債権者・債務者の事情に合わせて，便利な方法が選ばれていたからであろう。法典編纂には，地方でそれぞれに異なる慣習を整理して統一するという役割があるため，種々の形態が整理・廃止されることは当然のことだと言える。しかし，田畑質については，間違った方向で統一されてしまったのではないだろうか。すなわち，田畑質に存在していた種々の形態や実体は考慮されず，特に法典調査会においては，質権という理論だけが強調され画一化されてしまったのである。一方で，家質の存在は，起草過程でほとんど触れられていない。家質の形態は，占有移転しないまま家屋敷を質入れするものであり，これは，自己使用の家屋を占有移転して質入れする需要がなかったということを意味していると筆者は考える。法典調査会において，箕作麟祥は，田畑質のやり方を家屋に及ぼしてしまうということは早計ではないか，という注意を促している[198]。現不動産質の議論は，まさにその通りで，田畑質，その中でも一つの形態に過ぎなかったものを，質権という理論の下で，宅地建物も含め，過度に一般化してしまったものと評価できる。

　不動産質が利用されていないことは，金融の発展や登記制度による占有担保の衰退の流れとして位置づけられており，それは確かであろう。しかし，それに加えて，実体を考慮せず，質権という理論の下で画一化して立法したこともまた，現在，不動産質がほとんど利用されていないという状態につながっているように思われる。

(5) 小　　括

　本節では，まず，Article History からプロジェにアクセスし，旧不動産質の内容を明らかにした。旧民法の起草者のボワソナードは，日本に存在した田畑質の慣習を参考にし，「antichrèse」と抵当権の

---

(198) 『法典調査会民法議事速記録第十五巻』（日本学術振興会）74丁裏
　　（http://dl.ndl.go.jp/info:ndljp/pid/1367542/76）。

第1節　不動産質

効力を結合させ，不動産質として草案に定めた。旧不動産質の果実収取権は，果実の実際の価値に基づいて精算し弁済として受け取る方式であった。これに対して，現不動産質は，旧不動産質を基にしているが，果実収取権については，果実の価値を利息と同等であるとみなし精算せずに相殺する方式であった。この相殺方式は，豊作凶作により利息が変化していることになるなど，合理的でない面がある。しかし，この相殺方式は，田畑質で行われていた方式であった。これを嫌ったボワソナードは，「antichrèse」の方式と同じく弁済方式とし，すでに慣習があった田畑に関しては例外的に相殺方式とした。田畑については，とれた作物を実際に金額に置き換え精算するのは煩雑であることも理由の一つであった。

　不動産質に対するフランス語も異なっていることを用語変遷追跡 Bilingual KWIC を使って確認した。まず，「antichrèse」は，箕作麟祥が不動産質と訳しており，現在のフランス法辞典でも不動産質と訳されている。しかし，「antichrèse」は，現不動産質とも旧不動産質とも異なる。ボワソナードは，自分が起草したものが「antichrèse」とは異なるとして，「nantissement immobilier」と名づけた。旧民法では，これを「不動産質」としている。明治民法の不動産質は，起草委員である富井政章も関わったフランス語訳において，「droit de gage sur les immeubles」と訳されている。これは，直訳すると，不動産に対する動産質という奇妙な翻訳となる。これら翻訳の違いは，フランスと日本で質権体系が異なることも示している。

　このように，旧不動産質と現不動産質が異なることを明らかにした上で，次に Article History を用いながら，その変遷過程を明らかにした。まず，法律取調委員会での議論では，原案の議論において，田畑と宅地建物で対応を二つに分けることがおかしいということが問題とはなったが，多くの答弁や，その後の再調査案の議論でも，ボワソナードの考え方が受け入れられている。法典調査会での議論では，起

草委員は，旧不動産質の充当方法を合理的な処理と捉え，主に甲18号355条に見られるように，旧不動産質を活かそうと考えていた。しかし，自己使用については，相殺方式に変えようとした（甲18号354条）。この起草委員の原案は，自己使用を区別することが問題となった。自己使用であるかいなかを問わず，すべて相殺で処理するという反対意見である。これに対する起草委員の答弁は，他の委員に受け入れられず，原案を修正することになった。起草委員は，うまい修正の仕方を思いつかず，原案を維持しなければならないという信念があるわけではなかったので，横田國臣の主張を受け入れ修正することとなった。起草委員の原案を分析すると，甲18号354条の存在により，制度全体として整合性が取れない事態が生じている。また，弁済方式で処理される場面が限定され，例外であるかのようになってしまった。

最後に，旧不動産質と現不動産質の起草にあたって意識された，慣習としての田畑質について検討した。旧民法以前の不動産担保には，田畑質，家質，書入の3種類があった。そして，田畑質を使用・収益に着目して分類すると，債権者がみずから手作りする場合，債務者に小作させる場合（直小作），債務者以外の他人に小作させる場合（別小作）の3種類にわけることができる。また，田畑質は，田畑永代売買の禁止を回避する手段として使われることもあった。起草過程ではほとんど言及されなかったが，家質もまた不動産担保として存在していた。これは，占有移転しないまま家屋敷を質入れする形態である。

本節で述べた旧民法以前の不動産担保は，法制史の分野では基本書に記載されている程度の事項である。しかし，民法の分野から，この点が参照されることはほとんどない。これは，起草過程を追うだけで手一杯であり，法制史の研究成果まで幅広く参照し得ないためではないだろうか。そうだとすれば，本稿において，法制史研究を参照できたのは，明治民法情報基盤の効用であると言える。

旧法でも明治民法でも，日本に存在する慣習を残すための起草が

第1節　不動産質

なされた。旧不動産質においては，合理的でない相殺方式を限定的に起草した。現不動産質は，法典調査会において，質権という理論の下に画一化され，相殺方式に統一されてしまった。もともと田畑質には種々の形態や実体があり，相殺方式は形態の一つにしか過ぎなかったにもかかわらず，過度に一般化されてしまったという変遷過程を，「Article History」「用語変遷追跡 Bilingual KWIC」を使いながら追うことができた。

なお，本節の序論において，旧不動産質の検討が，債権回収の新たな手段を考える上で，示唆を与えてくれることを述べた。この点について最後に簡単に述べておく。賃貸マンションを念頭に置いた場合，旧不動産質に制度として優れた点があることは，抵当権の物上代位権と比較すると明らかになる。物上代位は，実務上定着し広く利用されているが，様々な欠点があることが指摘されている[199]。①賃料債権について物上代位がなされると，賃料に含まれている管理費相当分まで取り立てられてしまうため，当該不動産の管理が適切にできなくなり，物件が荒廃するおそれがある。②債権者は，賃借人を特定して賃借人ごとに賃料を差し押さえる必要があるが，多数の賃借人がいると手間がかかる上に，所有者・賃借人間の法律関係を不明確にするなどの妨害がなされることも少なくない。③債権者は，賃料不払いなどを理由に賃貸借契約を解除したり，新たな賃貸借契約を結んだりするような，賃料を確保するための管理行為ができない。④担保権者が複数存在する場合，その優劣関係に従った配当が確保されない。⑤所有者自らが使用している物権については，物上代位の対象が存在せず，そもそも物上代位による方法を採れない。

以上の問題点は，旧不動産質では発生しない。①債権者が得られる

---

(199)　角井俊文「担保不動産収益執行制度の現状と実務上の諸問題」判タ1233号（2007）88〜89頁，加賀山・前掲注(152)454頁など。

のは，管理費を除いた部分である。②占有移転，すなわち管理を移転することは，契約の成立要件であるから，債務者の積極的な協力が期待できる。③債権者は占有者であり，賃貸借契約の管理行為ができる。④旧不動産質権は，占有を伴うものであり，1人にしか設定できない。⑤旧不動産質権者は，自己使用の場合でも賃料相当額を精算して受け取ることができる。もっとも，自己使用の場合には，占有改定では質権を設定できないという質権の原則を修正する必要がある。しかし，不動産質設定の対抗要件として登記が必要であるから，占有改定による設定を認めても問題がないと考える。

　占有との関係を言えば，そもそも，不動産質の効果のうち果実収取権を重視した場合，質権の一種だという現在の体系を維持しうるか自体が疑問である。すなわち，果実収取権は，債務不履行を前提とせず発生するため，担保物権の範囲から外れる可能性がある。旧不動産質の趣旨を基にした新たな制度が作られるとしたら，それは担保というより，新たな債権回収の手段となるであろう。

第2節　用益物権体系 ── 横断的検討の例として ──

(1) 序　論

　かつては，物権債権峻別論を前提に，財産法体系や物権独自の理論構成が展開されていた。例えば，物権は絶対性や排他性という性質の下に，対世効が認められ，そこから妨害排除請求権などが導かれる。これに対して，債権では，物権とは反対に，相対的であり，それゆえ，対世効は認められず，債権に対する妨害排除請求権は認められないとする。しかし，このような厳密な物権債権峻別論は，現実にはいくつもの問題を生じる。そこで，債権である賃借権にも対抗力が付与されたり，妨害排除請求権が認められたりするなど，その権利の内容に応じて，必要な修正が施されるに至っている。

　このような状況において，物権法の分野では，新たな物権体系の確

第 2 節　用益物権体系

立が模索され始めている。物権債権峻別論の本質を探り，そこから新たな財産法理論を構築する動きがある(200)。また，所有権以外の周辺的物権をある一定の視点から捉え直そうとする動きもある(201)。

　このように，物権体系が再考されているが，物権体系という観点から旧民法が研究されることや，その起草過程が検討されたものは多くない。これは，本書で述べてきた通り，横断的な立法沿革研究が困難であることが，一つの要因であると思われる。

　国ごとの独自性が強い物権法の分野においては，旧民法を調査し，新旧民法における立法沿革を参照することは，物権体系を検討する上で，有益だと思われる。また，筆者は，物権体系を捉えるためには，物権の中心である所有権だけではなく，その周辺の権利を明らかにすることが重要であると考えている。このような発想のもと，用益物権である地上権・永小作権・地役権について，明治民法情報基盤を用いて立法沿革を検討する(202)。

---

(200)　例えば，「特集 2 財産法理論の展開（2002 年日本私法学会シンポジウム資料）」ジュリスト 1229 号（2002）65 頁以下の論稿がこれにあたる。本節との関係では，特に，加藤雅信「物権・債権峻別論の基本構造」ジュリスト 1229 号（2002）65 頁以下，瀬川信久「物権・債権二分論の意義と射程」ジュリスト 1229 号（2002）104 頁以下は，立法沿革からの検討がされている。

(201)　例えば，山野目章夫「新しい土地利用権体系の構想——用益物権・賃貸借・特別法の再編成をめざして（特集 日本民法典財産法編の改正）」ジュリスト 1362 号（2008）56 頁以下。

(202)　これら三つの制度それぞれの起草過程については，基本書等でも説明がなされている場合がある。例えば，川島武宜＝川井健編『新版註釈民法(7)物権(2)』（有斐閣，2007）では，地上権について 862〜863 頁，永小作権について 907〜911 頁で，比較的詳細な紹介がなされている。また，用益物権を歴史的，横断的に検討したものとして，高島平蔵「近代的用益物権の構成について」早法 40 巻 2 号（1965）205（517）頁以下［高島平蔵『近代的物権制度の展開と構成』（成文堂，1969）75 頁以下所収］および高島平蔵「土地所有および利用関係を中心として（〈共同研究〉日本の近代化におよぼした外国法

第3章　明治民法情報基盤を通した立法沿革研究

　用益物権の検討は，複数の制度の横断的検討であり，立法沿革を示すことができれば，横断的検討に際して明治民法情報基盤が有用に機能することを実証できる。なお，用益物権という場合，入会権も含まれるのが一般的であるが，入会権は立法沿革上の性格が異なり，一つの章を構成していないこともあるため，本節ではさしあたり検討の対照から除外することとした。

　用益物権である地上権・永小作権・地役権は，旧民法と現行民法ではそれぞれ内容が異なるものとなっている[203]。また，起草にあたって，体系的位置づけも変更されている。内容の変更と体系の変更の両方があることを意識しながら，変遷を明らかにしていくことにする。

　本節での調査の多くは，Article History を使って，条文案，プロジェ，議事録等を閲覧している。Article History は多用しているため，本節では逐一言及することはしない。脚注で，国立国会図書館デジタルコレクションの URL が多数出てくるが，プロジェや議事録等はすべて Article History からたどり着ける。部分的に，理由書 Web と用語変遷追跡 Bilingual KWIC を使っているので，これについては，適

　　の影響　各論1)」早比2巻1号（1965）45頁以下［高島平蔵『近代的物権制度の展開と構成』（成文堂，1969）105頁以下所収］。高島の前者の論稿は，近代的用益物権の生成過程について，ドイツ・フランスと比較して，日本の独自性を明らかにすることを主眼としている。後者の論稿は，旧民法から現行民法への変化を大きな視点で捉えている。また，賃借権を中心としながら，用益物権のうち永小作権と地上権の立法沿革を検討したものとして，小柳春一郎『近代不動産賃貸借法の研究：賃借権・物権・ボワソナード』（信山社，2001）特に262頁以下。小柳の論稿は，旧民法の起草過程について，明治民法情報基盤でまだ扱っていない資料も利用しており，非常に詳細である。

(203)　旧民法の段階では，用益物権という概念は見られない。用益物権という用語は，少なくとも現行民法の立法過程である法典調査会においても登場しない。起草委員の一人である梅謙次郎も『民法要義』の中では，この用語を用いていない。

第2節　用益物権体系

宜言及する。

(2) **旧民法の物権体系**

現行民法の物権体系は，一般的に図3-7のように説明されている。しかし，旧民法の物権体系はこれと大きく異なる。用益物権の検討を始める前提として，旧民法の物権体系の全体像を理解しておくことが必要となるが，旧民法の物権体系はあまりよく知られていない。しかも，旧民法の物権体系を説明したものもほとんどないと思われるので，ここで最初に説明する。

旧民法から明治民法へ改められる際，その体裁が，フランスのインスティトゥティオネス（Institutiones）方式から，ドイツのパンデクテン（Pandekten）方式に移行したことは，よく知られている。旧民法が属するインスティトゥティオネス式の編別構成は，一般的に人事編・財産編・財産取得編から成る。これに対して，パンデクテン方式は，総則・物権・債権・親族・相続から構成される編別になってい

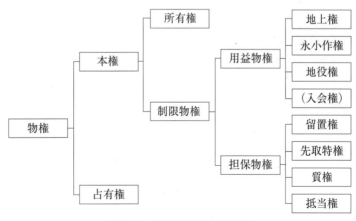

図3-7　現行民法の物権体系

る[204]。インスティトゥティオネス式は，パンデクテン式と違い，編別上で物権と債権の区別が明確にされていないのである。

しかし，旧民法では，財産編2条において，何が物権であるかを明示している。フランスをはじめ当時のヨーロッパ諸国の民法典においては，何が物権であるかを明示していなかったため，ある権利が物権なのか債権なのかについての議論が発生していた。ボワソナードは，日本においてこのような問題が起きるのを回避するために，条文の中で何を物権とするかを明確にした。これが，財産編2条の「真ノ目的」であるとしている[205]。旧民法財産編2条は，以下の通りである。図3-8は，財産編2条の体系を図示したものである。

「物権ハ直チニ物ノ上ニ行ハレ且総テノ人ニ対抗スルコトヲ得ヘキモノニシテ主タル有リ従タル有リ

主タル物権ハ之ヲ左ニ掲ク
　第一　完全又ハ虧缺ノ所有権
　第二　用益権，使用権及ヒ住居権
　第三　賃借権，永借権及ヒ地上権
　第四　占有権
従タル物権ハ之ヲ左ニ掲ク
　第一　地役権
　第二　留置権
　第三　動産質権

---

(204) ドイツでは，編別の順序が債権・物権の順になっている。日本の編別の順序は，物権・債権の順であり，ザクセン式と呼ばれることもある。
(205) 『ボアソナード氏起稿 再閲修正民法草案註釈第二編物権ノ部 上巻』19～21頁 (http://dl.ndl.go.jp/info:ndljp/pid/1367403/12)。以下，引用にあたっては，『再閲修正民法草案第二編上巻』と略記する。また，プロジェの参照については，第二版に相当する『再閲修正民法草案』を基本的に示すこととし，必要に応じて，他の版やフランス語プロジェを参照することとする。

第 2 節　用益物権体系

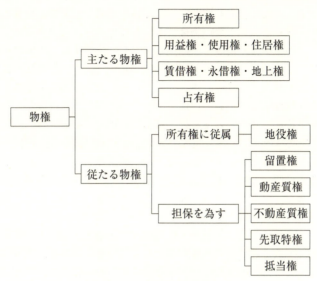

図 3-8　旧民法の物権体系

　第四　不動産質権
　第五　先取特権
　第六　抵当権
　右地役権ハ所有権ノ従タル物権ニシテ留置権以下ハ人権ノ担保ヲ
為ス従タル物権ナリ」

　旧民法財産編2条による物権体系は，まず，主たる物権と従たる物
権に大きく区別されている。『民法理由書』は，主たる権利及び従た
る権利の二種類に区別して，それを列記することが2条の直接かつ主
たる目的であるとしている[206]。そして，主たる物権とは，他の権利

（206）　城数馬訳『民法理由書　一』9〜10コマ（http://dl.ndl.go.jp/info:ndljp/
　　　pid/ 1367474/9)（『民法理由書　第1巻（ボワソナード民法典資料集成）』11〜

149

第3章　明治民法情報基盤を通した立法沿革研究

に関することなく独立して存在し得る物権であり，従たる物権とは，債権の担保たるに過ぎない物権であるとしている。担保物権は，その担保している債権が消滅すれば，原則として消滅する。担保物権が成立するには，担保している債権の存在が必要であり，他の権利に関することなく独立して存在し得ないことから，従たる物権とされている。

従たる物権には，債権の担保ではないものとして地役権が入っている。地役権は，要役地の所有権が移転した場合，新所有者に移転する権利である。そのため，所有権と独立して存在し得ないことになるため，従たる物権となっている。ただし，地役権を体系的にどこに位置づけるかについては，旧民法とボワソナードのプロジェの間で違いがある。また，プロジェ各版の間でも違いがある。このことは，本節(5)で述べる。

また，旧民法では，用益権・使用権・住居権と賃借権・永借権・地上権が，それぞれ一つのグループとなっている。用益権・使用権・住居権については，用益権は使用権を包含する関係にあり，さらに使用権は住居権を包含する関係にある。すなわち，「用益権＞使用権＞住居権」という単純な関係が成り立つ。これは，各権利の定義から明らかである。用益権は，他人の所有物を用法に従って有期で使用収益する権利と定義され（財産編44条）[207]，使用権は，使用者とその家族が必要とする限度内での用益権であると定義され（財産編110条1項）[208]，

　　12頁）。『民法理由書 一～十二』には，ページ番号がないため，引用にあたっては，国立国会図書館デジタル化資料のコマ番号を示すとともに，『民法理由書（ボワソナード民法典資料集成）』という表記で，ボワソナード民法典研究会編『民法理由書 第1巻 財産編物権部 [ボワソナード民法典資料集成第二期後期Ⅳ]』（雄松堂出版，2001）でのページ番号を併記する。また，『民法理由書 一～十二』の引用は，以下，『民法理由書』と略記する。

(207)　財産編44条「用益権トハ所有権ノ他人ニ属スル物ニ付キ其用方ニ従ヒ其元質本体ヲ変スルコト無ク有期ニテ使用及ヒ収益ヲ為スノ権利ヲ謂フ」。

(208)　財産編110条1項「使用権ハ使用者及ヒ其家族ノ需用ノ程度ニ限ルノ用

第 2 節　用益物権体系

住居権は，建物の使用権であると定義されている（財産編110条2項）[209]。これらの定義からわかるように，使用権は，用益権の一種であり，自己の需要及びその家族の需要のために限られるという点で，用益権に制限がある。プロジェでも，使用権と住居権は用益権の一種であることが示されている。また，住居権もその定義から明らかなように，使用権の一種であって，建物を目的物とするという点で，使用権に制限がある[210]。

これに対して，賃借権・永借権・地上権のグループは，単純な包含関係で成り立っているわけではない。賃借権は，現行民法にも存在し，基本的な概念も同じである（財産編115条）[211]。永借権は，30年を超える不動産の賃貸借だと定義されている（財産編155条1項）[212]。これに対して，賃借権は30年を超えることができない（財産編125条）[213]。永借権の定義を用いれば，30年を超えない賃貸借が賃借権だということになる。このように，永借権の期間を用いた定義は，両者が排他的であることを示している。そして，後述するように，永借権は，不動産利用について特殊な制度趣旨を持っており，様々な点が異なっている。このため，両者は包含関係にあるものではない。

　　益権ナリ」。
(209)　財産編110条2項「住居権ハ建物ノ使用権ナリ」。
(210)　ただし，プロジェでは，使用権と住居権の関係については，明言されていない。
(211)　財産編115条前段「動産及ヒ不動産ノ賃貸借ハ賃借人ヨリ賃貸人ニ金銭其他ノ有価物ヲ定期ニ払フ約ニテ賃借人ニ或ル時間賃借物ノ使用及ヒ収益ヲ為ス権利ヲ与フ」。
(212)　財産編155条1項「永貸借トハ期間三十个年ヲ超ユル不動産ノ賃貸借ヲ謂フ」。
(213)　財産編125条「所有者ノ為シタル不動産ノ賃貸借カ三十个年ヲ超ユルトキハ其賃貸借ハ永貸借ト為リ此種ノ賃貸借ノ為メ後ノ第二節ニ定メタル規則ニ従フ」。

賃借権と地上権についても，包含関係にあると考えることはできない。地上権は，他人の土地の上において建物・竹木を所有する権利と定義されており，賃借権とは大きく異なっている。また，後述するように，賃借権と地上権とでは制度の目的も異なっている。

このように，賃借権・永借権・地上権は，用益権・使用権・住居権とは異なり，包含関係にあるわけではない。賃借権・永借権・地上権は，それぞれ制度目的すら異なっている関係なのである。

以上のとおり，旧民法における用益物権体系は，制度の異なる賃借権・永借権・地上権が一つのグループとなっていることと，地役権が所有権の従たる物権とされていることが，大きな特徴だと言える。以下の検討において，体系的変更については，この2点に留意しながら，検討を進めることにする。

(3) 地 上 権

地上権は，旧民法において，「他人ノ所有ニ属スル土地ノ上ニ於テ建物又ハ竹木ヲ完全ノ所有権ヲ以テ占有スル権利」（財産編171条）と定義されている。現行民法では，「他人の土地において工作物又は竹木を所有するため，その土地を使用する権利」（265条）であるとされていることから，両者は定義が大きく異なっている。修正案理由書においても，「既成法典ニ規定セル地上権トハ大ニ異ナルモノナリ」と説明されている[214]。

まず，旧民法における地上権が，いかなる機能を持っていたのかを明らかにする。旧民法において，土地と建物・竹木の関係は，土地を主とし建物・竹木が従であるという関係にある[215]。建物・竹木は，

---

(214) 広中・前掲注(116)277頁。

(215) プロジェや『民法理由書』では，このような形で明確に述べていないが，旧民法の注釈書には，説明がある。亀山貞義＝宮城浩蔵『民法正義 財産編第1部巻之2』(1890, 新法註釈会) 235頁 (http://dl.ndl.go.jp/info:ndljp/pid/

第2節 用益物権体系

土地に従属する附合物であり，したがって，建物・竹木の所有権は，土地と別個独立に存在せず，土地の所有権に従うという法制度である。これは，現行の日本の法制度と異なり，フランスを始めとするヨーロッパ諸国の制度に該当する。旧民法は，フランスの民法を元にしているため，土地と建物・竹木を一つの不動産として扱う法制度を取っていることは，驚くべきことではないだろう。

この法制度において，土地の所有権を持たない者が，従たる附合物に過ぎない建物・竹木について，土地から独立して所有権を持つための制度が，旧民法における地上権なのである。土地と一体をなしている附合物部分について，独立の所有権を認めたものが地上権であり，所有権の一種の「変体（modification）」であるとしている[216]。

賃借権でも，その土地に建物の築造や竹木の栽植をすることはできる。しかし，それは，単に賃貸借による利益を増すためのものであり，賃貸借の目的は，あくまで，土地を使用して利益を得ることである。これに対して，地上権の場合は，建物・竹木を所有することを目的としており[217]，この点から，土地を使用することは副次的なものだと言える[218]。この目的の違いは，規定の違いに表れている。例えば，期間の上限について，賃借権では30年，永借権では50年であるのに対して，地上権では，建物や竹木が存在する間は認められうる（財産

792005/ 121)。

(216) 『民法理由書 二』56コマ（http://dl.ndl.go.jp/info:ndljp/pid/1367475/56）（『民法理由書 第1巻（ボワソナード民法典資料集成）』400頁）。Projet, 2éd, t.1, p.313.

(217) 亀山＝宮城・前掲注(215)236頁（http://dl.ndl.go.jp/info:ndljp/pid/792005/122）。

(218) 「建物及ビ樹木ノ譲渡ヲ以テ主トナシ土地ノ賃借ハ従タルニ過ギザル」（『民法理由書 二』58～59コマ（http://dl.ndl.go.jp/info:ndljp/pid/1367475/58）（『民法理由書 第1巻（ボワソナード民法典資料集成）』402～403頁））とする点からも，同様のことが言える。

編176条1項,2項,178条3項(219))。すなわち,地上権の成立期間は,建物や竹木の存在と密接に関わっているのである(220)。

このように賃借権と地上権は目的が異なるものであるにもかかわらず,地上権が賃借権のグループとされているのは,なぜだろうか。地上権が,附合の例外であり,所有権の特別規定だとすれば,所有権の章に規定することも可能だと考えられる。このことは,「所有権ノ章ニ於テ之ガ規定ヲ為サザルコト甚ダ怪シムベキ」として,『民法理由書』でも触れられている(221)。ボワソナードは,地上権者が,土地の所有権者ではなく土地表面の所有権者でもないとした上で,定期に地代を支払うという点を理由に,賃借権のグループとしたと説明している。また,地上権の規定が存在する諸国において,賃借権の一種となっているとも説明している。

旧民法における地上権の制度趣旨,制度構造は,日本人にも理解されていた。法律取調委員会では,明確な形でこの点には触れられていないが,『民法正義』や『日本民法義解』といった旧民法の注釈書で

---

(219) 財産編176条1項「既ニ存セル建物又ハ地上権者ノ築造ス可キ建物ニ付キ設定権原ヲ以テ地上権ノ継続期間ヲ定メサルトキハ此建物存立ノ時期間其権利ヲ設定シタルモノト推定ス但其大修繕ハ土地ノ所有者ノ承諾アルニ非サレハ之ヲ為スコトヲ得ス」。

財産編176条2項「既ニ存セル樹木又ハ地上権者ノ栽植ス可キ樹木ニ付テハ地上権ハ樹木ヲ採伐スル時期マテ又ハ其有用ナル最長大ニ至ル可キ時期マテ之ヲ設定シタリト推定ス」。

財産編178条3項「期限ヲ立テスシテ設定シタル地上権ハ第百七十六条ニ従ヒテ建物存立ノ時期間継続ス」。

(220) 『民法理由書 二』65コマ以下(http://dl.ndl.go.jp/info:ndljp/pid/1367475/65)(『民法理由書 第1巻(ボワソナード民法典資料集成)』409頁以下)。

(221) 『民法理由書 二』56〜57コマ(http://dl.ndl.go.jp/info:ndljp/pid/1367475/56)(『民法理由書 第1巻(ボワソナード民法典資料集成)』400〜401頁)。

第2節 用益物権体系

は，地上権の特性に言及されている[222]。

しかし，地上権の前提となった土地と建物・竹木を附合物とする法制度は，当時の日本で行われていた慣習・制度とは，全く異なるものであった。日本では，特に東京において，他人の土地を賃借して，自己所有の建物を建てることが多くおこなわれていた[223]。これに対して，ヨーロッパ諸国では，ローマ法の「地上物は土地に属する (superficies solo cedit)」との原則により，土地上の建物・竹木は，土地の一部となり，独立の不動産という扱いを受けていなかった[224]。特にフランスでは，他人の土地の上に別の者が建物を所有することは稀であり，地上権 (superficie) に関する規定が存在しないくらいである[225]。

また，日本では明治6(1873)年に太政官第18号布告「地所質入書入規則」が制定されたのに続いて，明治8(1875)年に太政官第148号布告「建物書入質規則並ニ建物売買譲渡規則」が制定されていた。日本の不動産制度の大きな特徴である土地と建物を別個に扱うという法制度は，慣習のみならず，制度としてもすでにここで表れていた[226]。その後，明治19(1886)年法律第1号登記法が公布され，その中で，登

---

(222) 民法正義については，前掲注(215)ですでに見た。本野一郎他『日本民法義解 巻1』(金蘭社，1890) 675～677頁 (http://dl.ndl.go.jp/info:ndljp/pid/791650/434)。

(223) 『再閲修正民法草案第二編上巻』660～661頁 (http://dl.ndl.go.jp/info:ndljp/pid/1367403/333)。なお，ドイツ民法では，建物は土地の一部として扱われるが (BGB94条)，建物が賃借権等の権限によって建築されたものである場合の例外規定が存在しており (BGB95条1項後段)，他人の土地の上に別の者が建物を所有することが想定されている。

(224) 川島＝川井・前掲注(202) 853頁。

(225) 『再閲修正民法草案第二編上巻』660頁 (http://dl.ndl.go.jp/info:ndljp/pid/1367403/333)。

(226) 浅古＝伊藤＝植田＝神保・前掲注(190) 299頁。

第3章　明治民法情報基盤を通した立法沿革研究

記簿の編成は地所登記簿，建物登記簿，船舶登記簿の3種類に分けられた(227)。すなわち，土地と建物は別登記とされ，土地と建物の別個独立性が制度として確立されていった。これに対して，旧民法が公布されたのは明治23(1890)年であり，登記法の公布の後のことである。このように，旧民法の地上権が前提としていた土地と建物・竹木を附合物とする法制度は，当時の日本で行われていた慣習，制度とは，異なるものであった。

　民法典論争を経て，旧民法は修正されることとなったが，明治民法の起草過程において，地上権はどのように扱われたのであろうか。法典調査会において起草委員は，「地上権者ハ他人ノ土地ニ於テ工作物又ハ竹木ヲ所有スル為メ其土地ヲ使用スル権利ヲ有ス」(甲18号265条)という原案を提出した。この原案は，修正なく公布されることとなる。この原案の説明の中で，梅謙次郎は，次のように述べた(228)。地上権が建物・竹木の所有するための権利であるというのは，フランスではそれで良いかもしれないが，日本ではそのように見ることはできない。日本では，建物・竹木は，土地の所有者だけではなく，土地の賃借人でも所有することができるというのが慣習上決まっている。だから，日本において，地上権が建物・竹木の所有するための権利であると定義すれば，所有権の対象が建物・竹木であるというだけのことで，特別な物権ということにならない。このように述べて，旧民法における定義を否定した。

　梅謙次郎は，地上権の定義について，旧民法と比べて，土地を使用するという方を地上権の本体としたと述べている(229)。起草委員は，

---

(227)　福島正夫『福島正夫著作集・第四巻・民法（土地・登記）』(勁草書房，1993) 376頁。

(228)　『法典調査会　民法議事速記録　第十巻』(日本学術振興会) 174丁裏以下 (http://dl.ndl.go.jp/info:ndljp/pid/1367537/178)。

(229)　『法典調査会　民法議事速記録　第十巻』(日本学術振興会) 170丁表

第 2 節　用益物権体系

日本の慣習と多くの国の法制度を参照しており，その結果，オランダとベルギーの規定が，日本の慣習に近いものと考えた。そこでは，地上権は，建物・竹木を土地とは別個独立の目的物としてそれを所有する機能と，土地を利用するという機能の二つを持っていた。そして，前者の機能は，日本では必要ないため，後者の機能を明らかにした定義に書き改めたのである。

　しかし，このように日本の慣習に配慮しているが，そもそも日本には地上権という概念はなく，この言葉自体が新たに作られたものであった。地上権という概念・制度がなくても，他人の土地に自己所有の建物を所有することは，土地の賃借権によっておこなわれてきたのである。この点を踏まえると，地上権を規定しないことも選択肢としてはありえた。それにも関わらず，地上権が残されたのはいかなる理由によるものであろうか。このことは，土方寧の質問に答える形で明らかにされている。土方寧は，地上権という特別の権利が必要であるのか，すなわち，賃貸借や永借権（現，永小作権）の中に入れてしまうことができるのではないか，という質問を出した[230]。これに対して，梅謙次郎は，次のように回答している。まず，賃借権を債権関係にしたために，物権関係として地上権と永小作権の二つになった。そして，宅地の賃借と田畑の賃借は，慣習が異なっているので一緒にできず，宅地の賃借として地上権[231]，田畑の賃借として永小作権とい

　　(http://dl.ndl.go.jp/info:ndljp/pid/1367537/173)。
(230)　『法典調査会 民法議事速記録 第十巻』（日本学術振興会）171 丁裏～172 丁裏（http://dl.ndl.go.jp/info:ndljp/pid/1367537/175）。
(231)　なお，宅地の他に，植物である竹木が地上権に含まれるのは，次のような理由による。田畑の賃借である永小作権が想定しているのは，1 年限りの作物である。これに対して，竹木は，10 年 20 年にわたって所有する必要がある。この点で，永小作権ではなく，地上権の方に規定したとする。

うことにした[232]。梅は，土地利用に関する法制度をこのように説明しているのである。

(4) 永小作権

永小作権は，旧民法において，永借権にあたるとされている。しかしながら，両者の制度の基本部分は異なる[233]。理由書においても，「本質ニ至リテハ二者大ニ相同シカラサル所アリ」とされている[234]。

まず，永借権がいかなるものであるのかを明らかにする。永借権は，30年以上50年以下の不動産の賃貸借である（財産編155条1項，2項[235]）。これに対して，賃借権は，30年を超えることはできず，30年を超える賃貸借は，永貸借となるとされている（財産編125条）。賃貸借関係のうち，30年までが賃借権であり，30年以上が永借権となるのである。このように，規定上は，同じ賃貸借関係を期間で区分しているだけで，連続性を持った制度のようにも見える。このことは，後述するように，法典調査会において永借権が単なる長期の賃借権と考えられていたことと無関係ではないだろう。

しかし，賃借権と永借権では，立法趣旨が大きく異なる。永借権が

---

(232) 梅謙次郎に続いて，穂積陳重も地上権が必要であるとの説明をしている。しかし，この説明は，地役権と地上権の性質が同じであって，横の関係が地役権，縦の関係が地上権という，かなり特殊なものであった。土方寧もその説明には同意していない（『法典調査会 民法議事速記録 第十巻』（日本学術振興会）173丁表以下（http://dl.ndl.go.jp/info:ndljp/pid/1367537/176））。

(233) 不動産質と異なり，フランス語概念で見た場合にはすべて同一の用語が当てられていることを付言しておく。

(234) 広中・前掲注(116)288頁。

(235) 財産編155条2項「永貸借ハ五十个年ヲ超ユルコトヲ得ス此期間ヲ超ユル貸借ハ之ヲ五十个年ニ短縮ス」。ただし，財産編155条5項「本法実施以前ニ期間ヲ定メテ為シタル不動産ノ賃貸借ハ五十个年ヲ超ユルモノト雖モ其全期間有効ナリ」という規定も存在する。

第 2 節　用益物権体系

主として想定しているのは，荒蕪地や未墾地を開墾する場面である[236]。このような場合，借り受けた者は，開墾のための労力や資本を投下して，その土地から作物などの収益が得られる状態にしなければならない。投下した開墾のための労力や資本を回収し利益を出すためには，賃貸借関係を長期間維持することが必要となる。そのための制度が，永借権なのである。また，永借権は，荒蕪地や未墾地を借りる場面を想定していることから，賃料が低廉であることを前提としている。

永借権の期間が 30 年から 50 年となっている点についてであるが，これは，30 年という期間が，開墾した土地から十分に利益を得られる期間であるとの考えによる。また，50 年という期間の上限については，所有権者の負担が考慮されている。まず，永久の賃貸借関係を認めることは，所有者に永久の制限を与えることになり，所有権というものを無意味にしてしまうため，認められないとする[237]。また，永借権の賃料は低廉であるため，利益を生み出すに至った土地の実際の相場との乖離が大きくなり，この状態を長く続けすぎることは問題だとする[238]。このような理由により，永借権の期間は，30 年から 50 年となっている。このように，永借権は単に期間が長い賃借権であるという関係にはない。

そして，永借権と賃借権との間の差は，いくつかの規定に表れてお

---

(236) 『民法理由書 二』26〜28 コマ（http://dl.ndl.go.jp/info:ndljp/pid/1367475/26)（『民法理由書 第 1 巻（ボワソナード民法典資料集成)』370〜372 頁)。

(237) 『民法理由書 二』27 コマ（http://dl.ndl.go.jp/info:ndljp/pid/1367475/27)（『民法理由書 第 1 巻（ボワソナード民法典資料集成)』371 頁)，『再閲修正民法草案第二編上巻』629 頁（http://dl.ndl.go.jp/info:ndljp/pid/1367403/317)。

(238) 『民法理由書 二』28 コマ以下（http://dl.ndl.go.jp/info:ndljp/pid/1367475/28)（『民法理由書 第 1 巻（ボワソナード民法典資料集成)』372 頁以下)。

り，特に財産編164条から166条の規定が特徴的である。まず，永借権では，貸主は修繕義務を負担しない（財産編164条）[239]。これに対して，賃借権では，貸主が目的物の修繕義務を負担している（財産編128条1項）[240]。これは，永借権が荒蕪地や未墾地を開墾する場面を想定しているため，貸主が修繕義務を負うということになじまないからである。また，契約期間が長期である点も，貸主に修繕義務を負わせることが不当である理由となっている[241]。

次に，永借権では，不可抗力により収益が減少しても，賃料の減額が認められないとする（財産編165条）[242]。これに対して，賃借権では，一定の条件のもとで，減額請求をすることができる（財産編131条1項）[243]。これは，永借権が荒蕪地や未墾地を開墾する場面を想定しているため，一定の収益が得られることを貸主から保証されているものではないことによる。また，永借権は，長期間でトータルとして利益を出すことを想定しており，不可抗力による減収は，その長期間の中で解消されるべきものであるとしている[244]。

---

(239) 財産編164条「永貸人ハ永貸借契約ノ当時ノ現状ニテ永貸物ヲ引渡スモノトス永貸人ハ貸借ノ期間大小修繕ヲ負担セス」。

(240) 財産編128条「賃借人ハ物ノ引渡前ニ其用方ニ従ヒテ一切ノ修繕ヲ整フルコトヲ賃貸人ニ要求スルコトヲ得」。

(241) 『民法理由書 二』45コマ（http://dl.ndl.go.jp/info:ndljp/pid/1367475/45）（『民法理由書 第1巻（ボワソナード民法典資料集成）』389頁）。

(242) 財産編165条「意外ノ事又ハ不可抗力ニ因リテ貸借ノ期間ニ起リタル毀損ハ借賃減少ノ理由ト為ラス但第百六十九条ニ定メタル解除ノ権利ヲ妨ケス」。

(243) 財産編131条1項「妨害カ戦争，旱魃，洪水，暴風，火災ノ如キ不可抗力又ハ官ノ処分ヨリ生シ此カ為メ毎年ノ収益ノ三分一以上損失ヲ致シタルトキハ賃借人ハ其割合ニ応シテ借賃ノ減少ヲ要求スルコトヲ得但地方ノ慣習之ニ異ナルトキハ其慣習ニ従フコトヲ妨ケス」。

(244) 『民法理由書 二』45～46コマ（http://dl.ndl.go.jp/info:ndljp/pid/1367475/45）（『民法理由書 第1巻（ボワソナード民法典資料集成）』389～390頁）。

第 2 節　用益物権体系

　さらに，永借権では，借主が租税を負担することになっている（財産編166条）(245)。これに対して，賃借権では，借主は原則として租税を負担しない（財産編140条）(246)。これは，永借権が荒蕪地や未墾地を開墾する場面を想定しているため，開墾により土地の価値が増し，地租も増加することが想定される。しかし，賃料は低廉なままであるから，貸主に地租を負担させるのは妥当ではないという理由によるものである(247)。

　永借権が荒蕪地や未墾地を開墾する場面を想定していることが，以上の特徴からも共通してわかるが，このように構想されたボワソナードの制度は，日本人にどのように理解されていたのだろうか。法律取調委員会議事筆記を見ると，荒蕪地や未墾地を開墾する場面を想定していることは，たびたび言及されている(248)。特に，報告委員である栗塚省吾は，永借権と賃借権の違いが大きく表れている財産編164条から166条の原案である175条から177条の議論において，ボワソナードの意図を正しく説明している(249)。もっとも，例えば原案175

---

(245) 財産編166条「永貸人ニ対シ永借物ニ賦課セラルル通常又ハ非常ノ租税其他ノ公課ハ永借人之ヲ永貸人ニ弁済ス」。
(246) 財産編140条「賃借人ハ賃借物ニ直接ニ賦課セラルル通常及ヒ非常ノ租税其他ノ公課ヲ負担セス若シ租税法ニ依リテ賃借人ヨリ徴収スルコト有ルトキハ其借賃ヨリ之ヲ扣除シ又ハ賃貸人ヨリ賃借人ニ之ヲ償還ス但反対ノ合意アルトキハ此限ニ在ラス
　　　然レトモ賃借人ノ築造シタル建物ニ賦課セラレ又ハ賃借不動産ニ於テ賃借人ノ営ム商業若クハ工業ニ賦課セラルル租税其他ノ公課ハ賃借人之ヲ負担ス」。
(247) 『民法理由書　二』47コマ（http://dl.ndl.go.jp/info:ndljp/pid/1367475/47）（『民法理由書　第1巻（ボワソナード民法典資料集成）』391頁）。
(248) 『法律取調委員会　民法草案第二編物権ノ部議事筆記　自第十一回至第十六回』（日本学術振興会）92丁表〜裏（http://dl.ndl.go.jp/info:ndljp/pid/1367417/96）。
(249) 『法律取調委員会　民法草案第二編物権ノ部議事筆記　自第十一回至第十六回』（日本学術振興会）101丁表（http://dl.ndl.go.jp/info:ndljp/pid/1367417/

条の議論では，賃貸人が修繕義務を負わないことで，実際上問題が発生しないのかについて大きく議論されるなど，ボワソナードの意図が簡単に受け入れられたわけではない[250]。

また，法律取調委員会では，すでに存在していた小作や永小作[251]に言及があり，それとの関係が検討され，大きく議論されていることも注目すべき点である[252]。この点，ボワソナードは，プロジェ初版で日本の慣習に言及していたものの[253]，第二版ではほとんど言及していない。地上権においては，日本の慣習への配慮が一貫して大きく見られたことと違いがある。法律取調委員会においては，小作や永小作に対する理解が委員それぞれで一致せず，永小作を永借権との関係でどのように扱うべきか，意見が分かれている。結論としては，財産編155条6項が，永小作について「特別法ヲ以テ之ヲ規定ス」としたことから，永借権は，永小作とは別のものとされることになった。『民法正義』においても，永借権と永小作は，別のものであるとしている[254]。ただし，『民法正義』において，永小作は，永久の権利で

105），102丁表（http://dl.ndl.go.jp/info:ndljp/pid/1367417/106），105丁裏～106丁表（http://dl.ndl.go.jp/info:ndljp/pid/1367417/110）。

(250) 『法律取調委員会 民法草案第二編物権ノ部議事筆記 自第十一回至第十六回』（日本学術振興会）91丁裏以下（http://dl.ndl.go.jp/info:ndljp/pid/1367417/96）。

(251) 本節では，永小作と永小作権を区別して使用している。明治民法以前に存在していた永小作と明治民法の永小作権は，一致するものではない。そこで，明治民法以前に存在していたものは，「権」を付けず，「永小作」として区別することにする。

(252) 『法律取調委員会 民法草案第二編物権ノ部議事筆記 自第十一回至第十六回』（日本学術振興会）93丁裏以下（http://dl.ndl.go.jp/info:ndljp/pid/1367417/98）。

(253) 『ボアソナード氏起稿 註釈民法草案 財産編（二）』5頁以下（http://dl.ndl.go.jp/info:ndljp/pid/1367350/29）。

(254) 亀山＝宮城・前掲注(215) 191頁（http://dl.ndl.go.jp/info:ndljp/pid/

あり，土地の売買が禁止されていた中で土地の使用収益権を移転するための回避手段であったと説明されている。この永小作の説明は，後述する永小作の説明とは異なることに注意が必要である。

さらに，財産編155条6項が，永小作とともに「荒蕪地又ハ未耕地」についても「特別法ヲ以テ之ヲ規定ス」としている。このことは，永借権が，荒蕪地や未墾地を開墾する場面を想定していることをわかりにくくしてしまったと思われる。『民法理由書』では，永借権の最初の規定である財産編155条で，荒蕪地や未墾地を開墾する場面を想定していることが説明されているのに対して，『民法正義』の財産編155条の説明では，そのことは触れられていない。『民法正義』の財産編155条では，期間の長い賃貸借であるため特別の規定があるという説明になっている[255]。ただし，『民法正義』で荒蕪地や未墾地を想定していることへの言及がないわけではない。財産編158条の説明の中で初めて言及があり[256]，その後も賃借権との特徴的な差異がある財産編164条から167条の説明の中でも言及されている[257]。しかし，永借権の最初の規定であり定義規定でもある財産編155条の中で，永借権が，荒蕪地や未墾地を開墾するための規定であるとされていないのは，永借権に対する理解の変化が表れているのではないかと思われる。

以上の通り，ボワソナードが構想した永借権は，日本人の手に移るに従って，その要点である荒蕪地・未耕地である点が失われていって

　792005/99)。
(255)　亀山＝宮城・前掲注(215) 187頁 (http://dl.ndl.go.jp/info:ndljp/pid/792005/97)。
(256)　亀山＝宮城・前掲注(215) 200頁 (http://dl.ndl.go.jp/info:ndljp/pid/792005/104)。
(257)　亀山＝宮城・前掲注(215) 214頁以下 (http://dl.ndl.go.jp/info:ndljp/pid/792005/111)。

第3章　明治民法情報基盤を通した立法沿革研究

おり，単なる期間の長い賃借権と捉えられつつあった。そして，日本に存在していた永小作との関係が意識されるようになっていった。

この変化は，法典調査会において明確となった。永小作権の説明に際し，梅謙次郎は，永借権というのはただ賃貸借の期限の長いものであると述べているし，他の委員も同様の発言をしている(258)。永借権が荒蕪地・未耕地を前提としている規定であるということには言及が全くない。

そして，永借権というのはただ賃貸借の期限の長いものであるとしてこれを否定した上で，起草委員は，小作権(259)という制度を提案した。この原案(260)の特徴を示すと，まず，永借権で存在した30年という期間の下限がなくなっている。これは，期間でもって小作権の成立を区分したくないという趣旨であった(261)。次に，永借権が広く不動産を対象としていたのに対して，小作権は，耕作を目的とした土地の賃貸に関するものとして，対象を明示的に限定した。これは，地上権のところで述べた，宅地の賃借として地上権，田畑の賃借として小作権，という制度構想を明確にしたものとも考えられる。このような

---

(258) 『法典調査会 民法議事速記録 第十一巻』（日本学術振興会）10丁裏（http://dl.ndl.go.jp/info:ndljp/pid/1367538/15），24丁表（http://dl.ndl.go.jp/info:ndljp/pid/1367538/28）など。

(259) 永小作と永小作権と同様に，小作と小作権も別の制度として使い分けている。

(260) 甲14号271条「小作人ハ小作料ヲ払ヒテ他人ノ土地ニ耕作ヲ為ス権利ヲ有ス但土地ニ永久ノ損害ヲ生スヘキ変更ヲ加フルコトヲ得ス」，第二百七十二条「小作人ハ其権利ヲ他人ニ譲渡シ，之ヲ担保ニ供シ又ハ其権利ノ存続期間内ニ於テ耕作ノ為メ土地ヲ賃貸スルコトヲ得但設定行為ヲ以テ之ヲ禁スルトキハ此限ニ在ラス」。

(261) 『法典調査会 民法議事速記録 第十一巻』（日本学術振興会）10丁表〜裏（http://dl.ndl.go.jp/info:ndljp/pid/1367538/14），17丁表〜18丁表（http://dl.ndl.go.jp/info:ndljp/pid/1367538/21）。

第2節　用益物権体系

永借権との違いを持つ一方で，小作権は，永借権と同じく，譲渡や担保に供することが可能であった。これは，永小作を念頭においての規定であるとしている[262]。起草委員は，通常の小作を債権である賃借権の範囲とし，永小作を物権である小作権で規定しようという考えであった。

　この原案に対しては，他の委員から多様な反対意見が出された。その結果，起草委員は，この原案を修正することとなった。主な修正点は，次の2点である。第1に，名称が永小作権に改まった点である。小作権の原案の時点で，起草委員は，永小作権を念頭においた規定を設けており，他の出席委員からもその旨の指摘がされている[263]。そして，小作の慣習と異なるものを，小作権という名称にするのは混乱が多いという批判があった。これを受けて，起草委員は，名称を変更した。第2に，10年という期間の下限が設定されたことである。これは，その後さらに20年に改められて公布されることになる。下限を設けた理由は，原案に対する批判に応えるものであった。すなわち，賃借権である小作との違いが期間にないのであれば，ただ当事者の意思の解釈のみになり，賃借権と小作権を区別する判断の拠り所がないとの批判があり[264]，これに応じたのである。また，名称を永小作権に改めたことに伴い，より永小作の慣習を意識してのものでもあっ

---

[262] 『法典調査会　民法議事速記録　第十一巻』（日本学術振興会）29丁表～裏 (http://dl.ndl.go.jp/info:ndljp/pid/1367538/33)，『法典調査会　民法議事速記録　第十一巻』（日本学術振興会）48丁表～裏 (http://dl.ndl.go.jp/info:ndljp/pid/1367538/52)。

[263] 『法典調査会　民法議事速記録　第十一巻』（日本学術振興会）28丁裏～30丁表 (http://dl.ndl.go.jp/info:ndljp/pid/1367538/33)，54丁表以下 (http://dl.ndl.go.jp/info:ndljp/pid/1367538/58)。

[264] 『法典調査会　民法議事速記録　第十一巻』（日本学術振興会）24丁裏 (http://dl.ndl.go.jp/info:ndljp/pid/1367538/29)。

第3章　明治民法情報基盤を通した立法沿革研究

た(265)。

　このように，暗に永小作を意識していた小作権という制度から，永小作を明確に意識した永小作権という制度へと修正されたわけである。ただし，法典調査会において，永小作の慣習が整理されていたわけではないし，委員の間でも認識が異なる部分があった(266)。そして，永小作を意識してはいるが，完全に一致するものではないということも認識していた。高木豊三は，本来の純粋な永小作というのは，荒れ地を借主の費用で開墾する場合に永久に貸すものであり，それであれば，転貸などもできると述べている(267)。また，起草委員である梅謙次郎は，永小作というものは，永代無期限であり，ほとんど所有権と見誤るくらいの強い権利であったと述べている。そして，このような永小作は，徐々になくなりつつあり，期限が切られるようになってきたとしている(268)。

　すでに述べた通り，法典調査会において，永小作権の前身となる永借権について，荒蕪地・未耕地を前提としている規定であるということには言及が全くない。また，永小作権の起草にあたって意識した永小作は，本来，荒蕪地・未耕地を開墾する場合に認められ，それ故に所有権に類する強い権利であるが，その点は永小作権と一致しないことも認識していた。以上を総合すれば，永小作権は，少なくとも起草趣旨としては，荒蕪地・未耕地を前提とした制度ではないということ

---

(265)　『法典調査会 民法議事速記録 第十一巻』（日本学術振興会）69丁表～70丁表（http://dl.ndl.go.jp/info:ndljp/pid/1367538/74）。

(266)　例えば，『法典調査会 民法議事速記録 第十一巻』（日本学術振興会）37丁裏以下（http://dl.ndl.go.jp/info:ndljp/pid/1367538/42）。

(267)　『法典調査会 民法議事速記録 第十一巻』（日本学術振興会）57丁表（http://dl.ndl.go.jp/info:ndljp/pid/1367538/61）。

(268)　『法典調査会 民法議事速記録 第十一巻』（日本学術振興会）60丁表～裏（http://dl.ndl.go.jp/info:ndljp/pid/1367538/64）。

第2節　用益物権体系

ができる。

　もっとも，荒蕪地・未耕地を前提とする永借権の特徴であった財産編164条から166条の規定の一部が，永小作権でも残っていることは，注意するべきであろう。まず，貸主は修繕義務を負担しないとする財産編164条については，規定そのものは削除された。しかし，削除の理由は，物権であれば貸主は引き渡しの義務しかなく，修繕義務を負担しないのは当然であり，規定が不要であるというものであった(269)。すなわち，規定は削除されているが，内容は引き継がれているということである。ただし，そこでの理由付けは，物権理論からの説明に変化している。

　次に，賃料の減額が認められないとする財産編165条は，274条にある通り引き継がれている。これについては，旧民法を引き継いだとするのみで，それ以上の原理的な説明はされていない。この点，梅謙次郎は，『民法要義』において，地主は永小作人対して義務を負うことはないため，作物の豊凶に関知せず，一定の賃料が得られるとしている(270)。これも，貸主は引き渡しの義務しか負わないとする，物権理論からの説明だと思われる。加えて，永小作では賃料が低廉であることの代償として，賃料の減額が認められないともしている。

　最後に，借主が租税を負担するという財産編166条は，削除されている。その理由は，今日の慣習に反するということと，租税に関する規定は民法に置かないというものである(271)。財産編164条と異なり，実質的な削除と言える。

　このように，荒蕪地・未耕地を前提とする永借権の特徴であった規

---

(269) 『法典調査会　民法議事速記録　第十一巻』（日本学術振興会）79丁表〜裏（http://dl.ndl.go.jp/info:ndljp/pid/1367538/84）。

(270) 梅・前掲注(174)251〜252頁。

(271) 『法典調査会　民法議事速記録　第十一巻』（日本学術振興会）76丁裏（http://dl.ndl.go.jp/info:ndljp/pid/1367538/81）。

定の一部は，永小作権に引き継がれたものもあったが，そこでの理由付けは，物権理論や永小作制度からの説明へと変化しているのである。

以上を概括すれば，永借権は，荒蕪地・未耕地を開墾することを目的とした制度であり，永小作権は，永小作の慣習を念頭に置いた耕作・牧畜のための長期の賃貸借関係であると言える。このような変化は，物権の典型たる所有権との関係で，どのように位置づけられるのだろうか。永借権，永小作権において，起草に関わった日本人に意識されていた永小作を基準として，それぞれを位置づけることができると思われる。もちろん，旧民法の起草においても，明治民法の起草においても，小作について整理されていたわけではなく，委員それぞれで認識が異なっていた。また，ボワソナードについては，日本の慣習への言及がないため，永借権の起草にあたって永小作を参照したとすることはできない。しかし，その内容を客観的に見て，永小作に当てはめてみることは可能であると思われる[272]。

江戸時代において，小作には大きく分けて，普通小作と永小作の二種があった。永小作の中にも3種類あり，それぞれ，開墾永小作，20年以上の永小作，貸付永小作と呼ばれる。その中で最も権利が強いのが開墾永小作である。自分で無価値である荒地を開墾するため，権利が強く，権利の譲渡や質入が可能であり，所有権にかなり近い自由性があった[273]。

これを永借権に当てはめてみると，旧民法の永借権が主として想定しているのは，開墾永小作である。ボワソナードのプロジェからは，

---

(272) 加藤正男「永小作権の法的特質(一)：永小作権判例の一考察(一)」同法24巻2号41(149)頁以下も参照。本節とは，永小作の区分が異なっている。また，本節は，プロジェや『民法理由書』によって記述しているため，永借権の永小作としての評価も異なっている。

(273) 牧＝藤原・前掲注(190)206頁，浅古＝伊藤＝植田＝神保・前掲注(190)199頁。

その関係性を見出すことはできないが，内容的に見て，開墾永小作と一致するのである。これに対して，明治民法が主として想定していたのは，20年以上の永小作や貸付永小作にあたるものであった。

(5) 地役権

地役権は，現行民法において「設定行為で定めた目的に従い，他人の土地を自己の土地の便益に供する権利」(280条) と定義されるが，旧民法では「或ル不動産ノ便益ノ為メ他ノ所有者ニ属スル不動産ノ上ニ設ケタル負担」(財産編214条) とされている。両者の基本的な内容は同じであるが，現行民法で「権利」とされているものが，旧民法では，「負担」すなわち義務とされている点が大きく異なる。

また，旧民法では，「法律ヲ以テ設定シタル地役」(以下，「法定地役権」という) と「人為ヲ以テ設定シタル地役」(以下，「約定地役権」という) の二つの地役権が存在する。現行民法の地役権は，このうちの約定地役権のみを内容とし，法定地役権については，「第3章第1節　所有権ノ限界」に移動している。法定地役権を所有権の限界に規定した理由は，法定地役権というものが，法律によってある土地の所有権を保護するために，他の土地の所有権の範囲を制限したに過ぎず，特別の物権と考えるよりはむしろ所有権の限界をいうものと考えるのが妥当である，と考えたためであるとする[274]。このようにごく簡単に内容の分離と移動が述べられており，これに関する議論も，大きな異論があったわけではない。しかし，法定地役権が移動したことと定義が義務から権利へ変更したことは，地役権を考える上で，重要な意味を持っていると考えられる。

まず，前提として，法定地役権の規定は，所有権の限界へと移動し

---

[274] 『法典調査会 民法議事速記録 第七巻』78丁裏〜79丁裏 (http://dl.ndl.go.jp/info:ndljp/pid/1367533/84)。

たといえるのであろうか。法定地役権の規定が、所有権の限界の規定と一致するかについて検証する。表3-4は、明治民法の「第一節 所有権ノ限界」について、民法修正案理由書の記述に基づいて、旧民法と明治民法の条文の対応関係を示したものである。旧民法のタイトルも情報として付加した[275]。理由書Webを用いると、旧民法を容易に参照できるので、このような表の作成がすぐにできる。

表3-4 所有権の限界と法定地役権の規定の対応関係

明治民法	旧民法（財産編）	旧民法のタイトル
206	30	所有権
207	34	〃
208	40	〃
209	215-217	隣地ノ立入又ハ通行ノ権利
210	218	〃
211	219	〃
212	220-222	〃
213	223	〃
214	224	水ノ疎通，使用及ヒ引入
215	225	〃
216	225	〃
217		
218	226	〃
219	227-232	〃
220	233-236	〃

---

[275] 所有権の限界の規定は、33箇条もの規定が一元的に並べられているのみである。しかし、表3-4からわかる通り、旧民法と照らし合わせると、区分がわかる。

第2節　用益物権体系

221	237	〃
222	238	〃
223	239-243	経界
224	244	〃
225	245, 246	囲障
226	247, 248	〃
227	247	〃
228		
229	249-251, 253-255	互有
230	252	〃
231	255	〃
232		
233	262	或ル工作物ニ要スル距離
234	257-260	互有，他人ノ所有地ニ対スル観望及ヒ明取窓
235	258-260	他人ノ所有地ニ対スル観望及ヒ明取窓
236		
237	261	或ル工作物ニ要スル距離
238	263, 264	〃

　所有権の限界の規定は，206条から238条に渡る。このうち，206条から208条は，旧民法でも所有権の章に規定されていた。法定地役権に関わる規定は，209条以下である。表中の旧民法の条文番号については，理由書の中で削除したことを述べたものとして，言及されている場合もある。また，さらに細かく内容を見ると，距離などの数字が変更されたりもしている。そのため，旧民法の内容がそのまま移植されているわけではない。しかし，明治民法の条文が，旧民法のどの条文に該当するかについて，削除も含めた言及の有無で判断するのは，

第3章 明治民法情報基盤を通した立法沿革研究

一つの方法であろう。このように見ると、所有権の限界の209条以下の規定は、法定地役権の規定にほぼきれいに一致することが表からわかる。これは、法定地役権の規定が所有権の限界に該当することを示している。

同様に、約定地役権と現行民法の地役権についても、一致するかを検証する。表3-5は、表3-4と同様に、理由書Webを用いながら、地役権についての旧民法と明治民法の条文の対応関係を示したものである。

表3-5 地役権と約定地役権の規定の対応関係

明治民法	旧民法（財産編）	旧民法のタイトル
280	266	地役ノ性質及ヒ種類
281	267	〃
282	268	〃
283	275-278	地役ノ設定
284		
285	280-283	地役ノ効力
286	284-285	〃
287	280	〃
288	286	〃
289	287-289	地役ノ消滅
290		
291	290	〃
292	291	〃
293	292	〃

この表を見ると、旧民法財産編269条から274条まで大きく抜けていることがわかる。これらは削除されており、その理由については、

第 2 節　用益物権体系

法典調査会でも言及されている[276]。財産編 269 条は，訴権に関する規定であり，民法編纂の方針から外れるため，削除された。また，財産編 270 条から 274 条は，例えば，継続地役・不継続地役，表見地役・不表見地役というような，地役の種類を示した規定である。この種類区分は，旧民法の他の箇所で登場すらしない単なる定義規定ないしは教科書的規定であった。これもまた，民法編纂の方針から外れるため，削除された。この箇所を除けば，地役権の規定は，約定地役権の規定にほぼきれいに一致することが，表からわかる。すなわち，約定地役権の規定は，現行民法の地役権に該当することを示している。

このように規定を見ても，法定地役権と約定地役権は，それぞれ，所有権の限界と地役権に該当することがわかった。では，定義が義務から権利へと変化しているのは，どのような経緯によるものであろうか。今日，地役権は，物権であり権利であるという理解が一般である。しかし，はじめからそのように理解されていたわけではない。旧民法の時期の地役権は，権利と義務が明確に分離されていない状態であり，明治民法に至って権利として明確にしたという流れを見ることができる。

冒頭で，旧民法の地役権の条文を示したが，これは厳密には，地役権ではなく，「地役 (servitude)」を説明したものである。旧民法では，「地役」と「地役権」とが，用語として両方登場する。例えば，すでに紹介した財産編 2 条では，「地役権」とされているが，第 5 章の章名は，「地役」である。

用語変遷追跡 Bilingual KWIC を使って，「地役」および「地役権」をキーワードして検索すると，次のようなことがわかる。Individual モードで，左右のどちらも③をセットし，片方で「地役」を，もう片

---

(276) 『法典調査会 民法議事速記録 第十一巻』（日本学術振興会）117 丁裏〜118 丁表 (http://dl.ndl.go.jp/info:ndljp/pid/1367538/124)。

方で「地役権」を検索する。なお,「地役」をキーワードとすると,「地役権」も該当するため,「地役」の出現回数を数えるにあたっては,「地役権」の出現回数を引く必要がある。

まず,「地役権」と「地役」の出現回数を見ると,「地役権」が11回出現するのに対して,「地役」は88回出現する。すなわち,「地役」の方が圧倒的に多く使われている。しかし,どちらもフランス語では「servitudes」であり,原文の差異や訳し分けによるものではない。条文の文脈を見ても,そこに意味のある使い分けを見出すことはできない。

「権」の文字の有無に関しては,地役権以外の用語についても見られる。例えば,財産編2条では,「占有権」,「動産質権」,「不動産質権」,「抵当権」とされているが,章名では,それぞれ「占有」,「動産質」,「不動産質」,「抵当」とされている。「動産質権」,「不動産質権」については,財産編2条以外で「権」の文字が使われていない。「占有権」という言葉は,条文上でも96条1項に1回だけ出現するが,「占有」という言葉は228回出現するので,「占有権」についても基本的には,「権」の文字がないものであると言って良いだろう。これに対して,「抵当」は,「地役」と同じく,「抵当権」という言葉がわずかながら使われている。

旧民法は,翻訳を基本とした起草がなされており,このような用語の差異は,翻訳の際の語感によるところが大きいのではないかと考えられるが,ここで,その使い分けの基準や理由といったものを探ることは,有益だと思われない。ここで述べたいことは,「地役」という言葉を主としながら,「地役権」という言葉が混在していたということである。「地役」という言葉が主となっていたのは,「地役」がすでに土地の義務や負担を指す言葉として定着していたことが理由であると思われる。しかし,「地役」という義務の言葉を主としながらも,実際の規定は,「凡ソ所有者ハ……建物ヲ築造シ又ハ修繕スル為メ隣

第 2 節　用益物権体系

地ニ立入ルヲ求ムルコトヲ得」（財産編 215 条）といったように，請求権，すなわち権利の側からの規定になっている。このように，旧民法の時期の地役権は，用語も混在し，権利と義務が明確化されていない状態であったと考えられる。

　このような用語の問題は，明治民法の起草時にも表れた。すなわち，民法典の目次を定める主査会において，「地役権」という言葉が問題となった[277]。地役というのは義務であり，権利という文字とはなじまないという趣旨の反対意見である。これに対して，穂積陳重は，確かに本来は義務の意味であるが，地役という事柄の上に存在する権利という意味に変わってきているし，旧民法でも地役権という用語を使っていると述べた。また，旧民法や外国法も，実際の規定は，権利の側からの規定になっていることも述べて，原案維持を主張した。

　地役権という言葉は，そのまま維持されたが，起草委員は，地役権の実際の規定として，「土地ノ所有者ハ他ノ土地ノ便益ノ為メニ地役権ヲ設定シテ其所有地ノ使用ヲ制限スルコトヲ得」（甲 15 号 279 条 1 項）という，義務の側から説明した原案を提出した。この原案に対して，長谷川喬から，地役権というのは，自分の土地の利益のために他人の土地を使うという趣旨であるが，制限する方を主としたのはなぜかという質問が出された[278]。これに対して，梅謙次郎は，地役権が他人の土地を使用する権利を有するとまでは言えず，他人の土地に制限を加えるというのが適切である，という趣旨の回答をした。その後，奥田義人から，権利の側からの説明をした修正案が出され，これが可決された。このようにして，権利の側からの規定となり，明治民法として公布された。

---

(277) 『法典調査会　民法主査会議事速記録　第二巻』（日本学術振興会）18 丁表〜22 丁表（http://dl.ndl.go.jp/info:ndljp/pid/1367594/21）。

(278) 『法典調査会　民法議事速記録　第十一巻』（日本学術振興会）123 丁表〜129 丁表（http://dl.ndl.go.jp/info:ndljp/pid/1367538/125）。

第3章　明治民法情報基盤を通した立法沿革研究

　地役権は，承役地から見れば義務であり，用益地から見れば権利である。債権でも，どちらから見るかで債権と債務になりうるのであって，権利と義務は，このような二面性を持つ。そして，旧民法から明治民法に至る際，法定地役権と約定地役権が分離して規定されたことと，権利と義務の二面性を持つことには関係がある。すなわち，地役権のうち法定地役権は，所有権の限界の中に規定されたというだけに留まらず，二面性のうち，義務の方から見て所有権の限界の中に規定されたと言える。なぜなら，所有権の限界は，絶対権で無制限にも思える所有権に，法律上の制限を加えるという形であり，所有権に一定の義務を負わせた規定と言い換えることが可能だからである。すなわち，所有権の限界というのは，所有者から見た場合の義務を規定しており，地役権を義務ととらえた旧民法の定義と共通する。これに対して，地役権のうち約定地役権は，権利と構成しなおされた上で，明治民法の地役権になった。

　旧民法の地役権は，義務という定義がなされ，法定地役権と約定地役権で構成されていた。約定地役権は，明治民法において，権利と定義され地役権となった。これに対して，法定地役権は，義務のまま所有権の限界となった。このことと合わせて，旧民法における地役権の体系的特殊性を考慮すると，地役権が所有権との関係でどのように変化したかを見ることができる。

　本節(2)で触れたように，地役権は，旧民法の体系において，かなり特殊な位置づけをされている。すなわち，地役権は，地上権・永借権と異なり，従たる物権とされている。しかも，従たる物権の中で，唯一，所有権の従と位置づけられている。従たる物権とされる一方で，旧民法の編別構成を見ると，地役権は，「第一部　物権」の中に置かれ[279]，「第一章　所有権」，「第二章　用益権，使用権及ヒ住居権」，

---

(279)　旧民法は，編別構成においても，パンデクテン方式の影響が見られる。

第2節　用益物権体系

「第三章　賃借権，永借権及ヒ地上権」,「第四章　占有」と並列して，「第五章　地役」を構成している。これに対して，他の従たる物権である留置権以下は，担保を為すものとして，債権担保編において「第二部　物上担保」を構成している。地役権は，このような体系的特殊性を有している。

また，地役権の体系的特殊性は，ボワソナードのプロジェ各版の中にも表れている。ボワソナードは，プロジェ初版の段階では，地役権を所有権や賃借権などと共に，主たる物権の中に規定していた[280]。ただし，初版の草案を基におこなった講義録である『ボアソナード氏起稿民法草案財産編講義 物権之部』を見ると，地役権について「主タル権利ナリト雖モ或ル点ニ於テ従タル権ナルコトアリ」とし，「此権ハ占有権ノ次ニ列」するべきであり「誤リテ之ヲ占有権ノ前ニ列」したとしている[281]。次のプロジェ第二版の段階では，地役権を従たる物権と位置づけた[282]。ただし，旧民法とは異なり，担保を為す従

すなわち，財産編の構成は，「総則」,「第一部　物権」,「第二部　人権及ヒ義務」となっており，総則が設けられた上，物権と債権が区別して規定が置かれているのである。

(280)　プロジェ初版2条2項

「Les droits réels principaux sont:

1° La propriété, pleine ou démembrée;

2° L'usufruit, l'usage et l'habitation;

3° Les droits de bail, d'emphytéose et de superficie;

4° Les servitudes foncières;

5° Le droit de possession.」

プロジェ初版に対応する和訳『ボアソナード氏起稿 註釈民法草案 財産編』では，「地役権」ではなく「土地ノ権」と訳されているため，原文を示した。

(281)　『ボアソナード氏起稿 民法草案財産編講義 一 物権之部』(司法省, 1880) 37頁（http://dl.ndl.go.jp/info:ndljp/pid/1367360/23）。

(282)　プロジェ2版4項「Les servitudes foncières, accessoires du droit de propriété, sont aussi traitées dans le présent Livre.」。

たる物権とは別のものとして，項を別に設けて規定していた。プロジェ新版の段階では，さらにそれを改め，主たる物権と従たる物権という二分論としては，主たる物権の側に規定を置いている[283]。しかし，初版とは異なり，所有権や賃借権などと同列には扱っておらず，別項を設けて規定した。このように地役権の体系的位置づけは，特殊な位置に置かれているというのみならず，起草者であるボワソナード自身，どこに位置づけるべきかを苦慮したことがわかる。

法律取調委員会では，ボワソナードが地役権について従たる性質を持つと考えていることが述べられた一方で，法律取調委員会では，何に対して従であるのかが問題となっている[284]。プロジェ第二版では，「accessoires du droit de propriété」（所有権の従）とされているし，公布された旧民法でも，「地役権ハ所有権ノ従タル物権」とされているので，最初からこのように考えられていたようにも思われる。しかし，法律取調委員会では，物の従であるとする見解と，所有権の従であるとする見解が対立している。結論からすれば，所有権の従となったわけであるが，旧民法財産編15条は，「地役ハ要役地ノ従ナリ」とされており，物の従とするような規定も残っている。従たる性質を体系的にどう位置づけるか，さらに，何に対して従であるのかについて

---

[283] プロジェ2版以降では，草案の横に見出しが付されている。2版では，地役権の項の横に「accessoires」との見出しが付されているのに対して (Projet, 2éd, t.1, p.8 (http://dl.ndl.go.jp/info:ndljp/pid/1367379/11))，新版では，「accessoires」の見出しは，地役権の次の項に付されている (Projet, Nouv. ed, t.1, p.2 (http://dl.ndl.go.jp/info:ndljp/pid/1367979/19))。これはすなわち，地役権の項は「accessoires」に含まれないということであろう。また，地役権の条文を見ても，2版までは「accessoires」と表現されていたが，新版では「accessoires」と表現されていない。

[284] 『法律取調委員会 民法草案第二編物権ノ部議事筆記 自第一回至第五回』（日本学術振興会）14丁裏～19丁表 (http://dl.ndl.go.jp/info:ndljp/pid/1367415/19)。

第2節　用益物権体系

も，苦慮していたことがわかる。

以上のとおり，様々な捉え方がなされてはいるが，地役権は，所有権の従という特殊な権利と位置づけられていたと考えられる。すなわち，地役権は，もともと所有権と結びついた権利だったのである。これを前提とすると，法定地役権は，義務のまま，そして，所有権との結びつきを保ったまま，所有権の限界に名称だけが変わって規定されたと考えることができる。これに対して，約定地役権は，権利の側から構成され，所有権との結びつきは，体系としては切り離した上で，明治民法の地役権として規定されたのである。また，体系上では，主従という複雑な物権関係が整理され，地上権や永小作権と同等の土地利用権であることが明確になった。

(6) 小　括

用益物権の起草過程を横断的に検討した結果，そこに共通して表れたことは，旧民法から明治民法に至る過程で，各権利が所有権と切り離されたということである。

旧民法から明治民法に至る過程で，地上権は，所有権と切り離され純粋な土地利用権になったということができる。旧民法は，建物・竹木を土地の附合物とする制度を前提としていた。そのため，旧民法の地上権は，土地の所有権を持たない者が，従たる附合物に過ぎない建物・竹木について，土地から独立して所有権を持つための制度であった。すなわち，附合の例外として，所有権と密接に関わる制度であった。プロジェや『民法理由書』でも，多くの記述を所有権との関係の説明に費やしている。これに対して，明治民法では，土地と建物・登記された竹木は，特別な権利がなくても別個に権利の客体となるため，地上権において，附合の例外としての機能は必要ではない。明治民法の地上権は，土地を利用するという機能に定義を改め，その結果，所有権との関係は切り離されたと言える。

旧民法の永借権は，荒蕪地・未耕地を開墾することを想定して，長期の賃貸借関係を規定したものであった。これを日本に存在していた慣習である永小作に照らし合わせると，開墾永小作という，最も強く所有権とほぼ同等と扱われていたものに該当する。これに対して，永小作権は，永借権の特殊な規定を承継しているにもかかわらず，荒蕪地・未耕地を開墾することを想定していない。永借権の特殊な規定は，物権理論からの説明に変更されている。そして，永小作権の起草において念頭に置かれていた永小作は，賃借権に近い貸付永小作であった。所有権型の永小作から賃借権型の永小作になっており，明治民法の永小作権もまた，所有権とは遠いものへと変化したと言える。

旧民法の地役権は，義務という定義がなされ法定地役権と約定地役権で構成されていた。明治民法において，約定地役権は，権利と定義され地役権となった。これに対して，法定地役権は，義務のまま所有権の限界となった。また，旧民法の地役権は，所有権に従たる権利という特殊な位置づけであった。この位置づけは，法定地役権と約定地役権の体系の変更において重要な意味を持っている。すなわち，地役権がもともと所有権の従たる権利であったことと合わせて考えれば，法定地役権が所有権の限界の規定となったことは，所有権と結びついたまま，そして義務のままで，規定されたということになる。これに対して，約定地役権は，所有権とは別個の制度へと変化し，そして権利として，規定されたということになる。現行民法の地役権は，所有権と切り離された権利として規定されたということである。

所有権が物権の典型例であり中心だとすれば，用益物権は，物権の中心から離されたと言える。一方で賃借権をはじめとする債権の物権化という現象がある。これを合わせて考えれば，地上権・永小作権・賃借権・地役権は，債権と物権の中間的権利として，一つのグループを形成しうる。用益物権を，所有権を基本とした物権の体系ではなく，利用権から見た体系として構成しなおすことは，十分可能だと思われ

第2節　用益物権体系

る。

　この姿は，旧民法が賃借権・永借権・地上権を一つのグループとして規定したことに通ずるようにも思われる。すでに述べたとおり，旧民法でこれを一つのグループとしたのは，定期に地代を支払うという共通点があるに過ぎないとされる。しかし，このグループ化は，明治民法へ修正される際に，重要な役割を果たしたように思われる。

　明治民法では，賃借権は債権とされた（乙6号議案[285]）。これにより，同一グループの永借権と地上権もまた債権となり得た。しかし，永借権・地上権は，賃借権とは別に，物権として存置した（乙9号議案[286]）。起草委員は，賃借権が債権であるべきことを主張している[287]。起草委員が主張するように，賃借権が本来債権であるならば，賃借権の特殊な場合を物権として特別に規定したと捉えるのが正しい捉え方ではないだろうか。

　また，すでに示した通り，賃借権を債権関係とし，物権関係のうち宅地の賃借として地上権，田畑の賃借として永小作権とした，という趣旨の起草委員の発言もある。これは，賃貸借関係において，賃借権が一般型であり，永借権・地上権は特殊型という体系だと言い換えることができる。特殊型には，特別な保護が必要であるため，物権として保護したのである[288]。このように，賃借権・地上権・永小作権を

---

(285) 『法典調査会　民法主査会議事速記録　第一巻』91丁裏〜93丁裏（http://dl.ndl.go.jp/info:ndljp/pid/1367593/97）。

(286) 乙第六号「一　賃借権ヲ人権トシ人権編中ニ其規程ヲ掲クルコト
　　二　賃借人ノ権利ハ一定ノ条件ヲ以テ賃借人ノ特定承継人ニ之ヲ対抗スルコトヲ得ルモノト定ムルコト」。

(287) 乙第九号「一　地上権ハ物権トシテ之ヲ存スルコト
　　二　永借権ハ物権トシテ之ヲ存スルコト」。

(288) 賃借権を物権から債権にする点については，地主の抵抗という政治的な要因も絡んでいる。一方で，賃借人の地位の保護という点の重要性も，起草委員に認識されている。起草委員は，さまざまな制度を用意しておくことで，

同一上のものとする考え方は，物権債権峻別論を前提として，債権としての賃借権，物権としての地上権および永小作権として分離する捉え方に対して，有用な示唆を与えている。

用益物権の横断的，体系的な検討からは，所有権から利用権へという共通性を見いだせた一方で，地役権の特殊性も明らかとなった。旧民法では，地役権の特殊な性質から，主たる物権と従たる物権という区別において，どのように体系的に位置づけかは問題であった。これに対して，明治民法では，物権の間にそのような区別を設けていないため，その点が意識されることはほとんどなかった。しかし，地役権の性質の特殊性というものが現行民法で失われたわけではない。地役権が地上権，永小作権とともに利用権体系として括られるとしても，地上権・永小作権と一定の差があることは，現行民法の体系を考える上で考慮されるべき事項であろう。

地役権について言えば，地役権と所有権の限界の規定は，旧民法において，約定地役権と法定地役権という形で一つの地役権を構成していた。そして，明治民法の地役権が所有権と切り離された一方で，所有権の限界の規定は，義務の規定として所有権と結びついたまま取り残されている。このような体系の捉え方は，新たな体系を考えるにあたって，有益な示唆を含んでいるように思われる。

例えば，所有権の限界として取り残された法定地役権を所有権から切り離し，地役権と同じく単なる利用権関係とし，旧民法の地役権と同じように，一つの地役権として構成する考えである。所有権の限界の規定のうち相隣関係が「法律上当然生ずる最小限度の利用の調節」と説明されるのに対して，地役権は「法律の規定するこの最小限度の

この点の解決を図ることを意図しているように見える。この表れが，一般型の賃借権を債権として，特殊型として，永小作権・地上権を物権化して対抗力を付与するという結論であったという面もあると考えられる。

第 2 節　用益物権体系

調節を超えて一層大きな調節をするもの」と説明される[289]。すなわち，利用という同一目的の上で，最小限度であるかどうかが，両者を区別する基準となっているのである。土地の利用価値を高めるという点で，その機能は同じであり，連続性を持っている。実際の事例においても，両者を必ずしも明確に区別できるわけではない。例えば，通行権について，通行の合意は，漠然としている場合が多く，それが囲繞地通行権の了承であるのか，通行地役権の設定であるのか，争われるケースがある[290]。両者は，合わせて請求されることもある。また，囲繞地通行権において，公道に至るための通路が，人が徒歩で通行するには問題ないが自動車での通行は不可能な幅員である場合に，その成立の範囲が問題となる。この種の問題は，囲繞地通行権に限定されるわけではなく，通行地役権にも共通する[291]。現在では法体系として全くの別物となっているが，現実の利用の場面や問題状況においては，非常に近しい権利となっている。このような状況に対して，地役権の起草過程についての体系的検討には，有益な示唆が含まれていると考えられる。

---

[289]　我妻栄＝有泉亨『新訂物権法（民法講義Ⅱ）』（岩波書店，1983）407頁。
[290]　沢井裕『隣地通行権』（一粒社，1978）129頁以下。
[291]　岡本詔治『通行権裁判の現代的課題』（信山社，2010）219～222頁。

終章　本書のまとめと課題

第1節　本書のまとめ

　本書ではまず，立法沿革に関する基本的な資料を整理・確認した上で，それらの資料を閲覧するために使用されてきた代表的・特徴的な資料集の分析をおこなった。既存の資料集の分析を通じて，(a)所在の異なる様々な資料が1ヶ所に集められている，(b)原典性がある，(c)資料の位置づけがわかる，(d)条文ごとに資料を見ることができる，という点が，立法沿革研究資料に対して必要なものとして求められていると考えた。

　そこで，これらの要請に応えることができる新たな研究基盤として，明治民法情報基盤の構築をおこなった。明治民法情報基盤の特筆すべき点は，時系列や条文番号に基づいて，資料同士を相互に関係させながら閲覧できる点にある。これは，情報を「点」で見ていくキーワード検索を主体とした一般的なデータベースシステムとは大きく異なる。

　明治民法情報基盤は，民法史料集と分析ツールに大きく分かれる。民法史料集は，主として(a)(b)(c)のコンセプトに基づいている。時系列や対訳関係に基づいた配列方法により，資料間の関係性を可視化している。分析ツールは，主として(d)のコンセプトに基づきながら，(a)(b)のコンセプトにも配慮している。分析ツールとして，Article History，理由書 Web，参照外国法分析器，用語変遷追跡 Bilingual KWIC がある。Article History は，起草過程に沿って条文の変遷を時系列に見ていくことができるツールであり，各段階の審議録等の必要な情報を参照できるようにもなっている。理由書 Web は，民法修正案，修正案理由書，旧民法の条文という三つの関連性の高い資料を相互に参照

しながら見ていくことができるツールである。参照外国法分析器は，明治民法の起草の際に参照した外国法を調査・分析するためのツールである。用語変遷追跡 Bilingual KWIC は，日本語とフランス語の対訳を組み合わせて，法律用語の変遷の調査を補助するツールである。

本書では，これらの仕組みを用いながら，不動産質および用益物権体系の立法沿革を調査することで，明治民法情報基盤の有用性を検証した。不動産質については，旧不動産質の内容を明らかにするとともに，現不動産質との異同と明治民法に至るまでの変遷過程をはっきりと描くことができた。また，用益物権についても，地上権・永小作権（永借権）・地役権それぞれについて，新旧民法での異同を明らかにするとともに，その変遷過程を描くことができた。用益物権として横断的に検証することにより，その変遷の共通性を見出すこともできた。

変遷過程の検討においては，Article History が非常に有用であった。特に，旧民法における永借権，地上権，地役権は，公布された条文番号と，プロジェ等における条文番号が大きく異なっている。しかし，これらの資料をあたる上で，条文番号の問題を全く意識することがなかった。また，民法修正案理由書の記述も多数引用したが，その際に理由書 Web は有用であった。Article History が，条文ごとに時間軸で資料を追うことを主眼としたツールであるのに対して，理由書 Web は，一つの資料に着目して，そこから条文を横断して情報を得ることに向いたツールであると言える。立法沿革研究においては，この両方の視点があることで，よりはっきりと変遷を描き出すことができると考えられる。

第 2 節　明治民法情報基盤の課題

明治民法情報基盤では，条文案，審議の議事録，起草理由書（プロジェ・エクスポゼ・民法修正案理由書）という立法沿革の基本的な資料をほぼすべて扱っており，その点では，必要最低限の完成度にまでは

第2節　明治民法情報基盤の課題

達していると考えられる。

しかし，明治民法情報基盤では，十分に扱えていない資料がいくつも残されている。本書で例として用いた不動産質や用益物権体系の立法沿革調査でも，インターネット上で閲覧できるにもかかわらず，明治民法情報基盤からはたどり着けない資料をいくつか用いている。明治民法情報基盤で十分に扱えていない資料について，以下に述べておく。

関連法規

民法の立法沿革を調査する上では，旧民法のみならず，当時の日本の関連法規を調査することが非常に重要である。本書でおこなった検討でも，地所質入書入規則を参照している。当時の関連法規は，甲号議案で明示的に示されているため（第1章第4節(2)参照），これに基づいて，関連法規を特定することが可能である。

国立国会図書館デジタルコレクションは，官報や法令全書を公開している。明治民法情報基盤で扱っている資料と同様に，ハイパーリンクを用いて該当ページを参照可能な状態にしておくことが必要であろう。

法典の基本書・解説書

プロジェや民法修正案理由書は非常に重要な資料であるが，それと並んで，起草者や起草関係者の手によって著された基本書・解説書も，立法趣旨を知る上で重要である。本書でおこなった検討でも，梅謙次郎『民法要義』，本野一郎他『日本民法義解』，亀山貞義＝宮城浩蔵『民法正義』を参照している。

国立国会図書館デジタルコレクションは，明治期に出版された書籍を公開しているため，ハイパーリンクを用いて参照可能な状態にしておくことができる。一部の資料は，民法史料集に掲載しているが，条

文との結びつきが強いことを考慮すれば，Article History に組み込むことが必要であろう。

社会実態に関する資料

明治民法情報基盤が扱っている資料は，すべて条文に関わる資料であり，当時の社会実体に関わるような資料は扱っていない。この点，法典調査会では，『全国民事慣例類集』や『民事慣例類集』などの社会実体の調査資料を利用しており，重要な資料だと言える。社会実体に関する資料は，国立国会図書館デジタルコレクションで公開されているものもあるため，明治民法情報基盤に組み込んでいく必要がある。

私文書中の立法資料

第1章で言及したように，穂積文書等の私文書中には，起草過程に関する重要な資料が含まれている。学振版がタイプ印刷によるコピーであるのに対して，私文書中の資料は原本である点だけでも，重要性が高い。しかしそれ以上に，学振復刻資料群に収録されていない資料が，私文書中には存在していることが非常に重要である。

私文書は，梅謙次郎文書の一部を除き，インターネットで公開されていない。それどころか，『日本民法典資料集成』で取り扱われている資料を除けば，復刻すらされておらず，研究者が簡単に利用できる状態にはない。これは，明治民法情報基盤を超えて，解決していかなければならない問題だと言えよう。

このように取り扱う資料の範囲だけでも，追加すべきものは多い。
また，第1章で資料の解説をおこなったが，その際，資料相互の関係が不明である部分も少なくなかった。本書では，ほんの一例としてテキスト比較を試みているが，今後，網羅的に検証する必要がある。テキストデータがあれば，文字列検索，テキストマッチング，テキス

第 2 節　明治民法情報基盤の課題

トの差分抽出などの手法を使って，詳細な検証することが可能となる。そのためにも，テキストデータを充実していくことが必要となる。

　さらに，Article History についての未完成部分があることについては，すでに述べたとおりである。これに加えて，Article History の機能として，旧民法の Article History と明治民法の Article History の間をシームレスに行き来できることが必要であろう。第 3 章での検討でも，Article History を多用しているが，旧民法と明治民法の間を直接行き来することができないことに，手間を感じるところがあった。立法沿革をより迅速に考察するためには，両者をつなぐための何らかの機能が必要であると考えている。

資　料

Appendix 1　学振版全 288 巻の一覧

　資料名は，国立国会図書館デジタルコレクションでの名称を基にしている。資料の順序も，国立国会図書館デジタルコレクションの URL の番号を基準にしている。ただし，以下の点から，一部を変更している。なお，表中の「ID」は，本書での引用のため，筆者が便宜上付したものである。

・『法典調査会 民法決議案』（ID156）が公開されていない
・『法典調査会 会議日誌』と『法典調査会 裁判所構成法第四部仮会議日誌』（ID279）は，同一の資料であるが，別々に公開されている
・ID28 は，データでは「用益権」となっている
・ID185〜188 は，「法律取調委員会」と表記されているが，「商法編纂委員会」である
・ID51〜53 は，ID46 に続く資料だと考えられるが，公開 URL の番号は，そのようになっていない
・ID76 と ID230 は，公開 URL の番号が，他の巻とは大きく異なる番号になっている

1	撰要永久録 御触留 第壹巻
2	撰要永久録 御触留 第貳巻
3	撰要永久録 御触留 第参巻
4	撰要永久録 御触留 第四巻
5	撰要永久録 御触留 第五巻
6	撰要永久録 御触留 第六巻
7	撰要永久録 御触留 第七巻
8	撰要永久録 御触留 第八巻
9	撰要永久録 公用留
10	撰要永久録 御用留
11	法律取調委員会 帝国司法裁判所構成法草案議事録 第壹巻
12	法律取調委員会 帝国司法裁判所構成法草案議事録 第貳巻

Appendix 1　学振版全 288 巻の一覧

13	法典調査会 裁判所構成法議事速記録
14	法典調査会 行政裁判法及行政裁判権限法委員会議事速記録 第壹巻
15	法典調査会 行政裁判法及行政裁判権限法委員会議事速記録 第貳巻
16	法典調査会 行政裁判法及行政裁判権限法委員会議事速記録 第参巻
17	法典調査会 行政裁判法及行政裁判権限法委員会議事速記録 第四巻
18	法典調査会 行政裁判法及行政裁判権限法委員会議事速記録 第五巻
19	法律取調委員会 民法草案 第二編物権ノ部 議事筆記 自第一回至第五回
20	法律取調委員会 民法草案 第二編物権ノ部 議事筆記 自第六回至第十回
21	法律取調委員会 民法草案 第二編物権ノ部 議事筆記 自第十一回至第十六回
22	法律取調委員会 民法草案 第二編物権ノ部 議事筆記 自第十七回至第二十二回
23	法律取調委員会 民法草案 第二編人権ノ部 議事筆記 自第二十三回至第二十八回
24	法律取調委員会 民法草案 第二編人権ノ部 議事筆記 自第二十九回至第三十四回
25	法律取調委員会 民法草案 第二編人権ノ部 議事筆記 自第三十五回至第三十七回
26	法律取調委員会 民法草案 第二編人権ノ部 議事筆記 自第三十八回至第四十一回
27	法律取調委員会 民法草案 財産編取得編 議事筆記 自第四十二回至第四十四回
28	法律取調委員会 民法草案 財産編中用収権ニ関スル 議事筆記 自第四十五回至第四十八回
29	法律取調委員会 民法草案 財産取得編 議事筆記 自第四十九回至第五十二回
30	法律取調委員会 民法草案 財産取得編 議事筆記 自第五十三回至第五十八回

資　料

31	法律取調委員会　民法草案　財産取得編　議事筆記　自第五十九回至第六十五回
32	法律取調委員会　民法草案　財産取得編　議事筆記　自第六十六回至第七十一回
33	法律取調委員会　民法草案　債権担保　議事筆記　自第七十二回至第七十六回
34	法律取調委員会　民法草案　債権担保　議事筆記　自第七十七回至第八十一回
35	法律取調委員会　民法草案　債権担保　議事筆記　自第八十二回至第八十四回
36	法律取調委員会　民法草案　財産編　再調査議事筆記　自第一回至第六回
37	法律取調委員会　民法草案　財産編　再調査案議事筆記　自第七回至第十回
38	法律取調委員会　民法草案　財産編　再調査案議事筆記　自第十一回至第十三回
39	法律取調委員会　民法草案　財産取得篇　再調査議事筆速記　自第十四回至第十七回
40	法律取調委員会　民法草案　財産取得篇　再調査議事筆速記　自第十八回至第二十一回
41	法律取調委員会　民法草案　財産取得篇　再調査議事筆速記　自第二十二回至第二十五回
42	法律取調委員会　民法担保編　再調査議事筆記　第壹卷
43	法律取調委員会　民法担保編　再調査議事筆記　第貳卷
44	法律取調委員会　民法証拠編　再調査筆記　第壹卷
45	法律取調委員会　民法証拠編　再調査筆記　第貳卷
46	法律取調委員会　民法草案　第二編　会議筆記　自第五百一條至第八百十三條
47	法律取調委員会　民法草案　再調査案議事筆記　第壹卷
48	法律取調委員会　民法草案　再調査案議事筆記　第貳卷
49	法律取調委員会　民法草案　再調査案議事筆記　第参卷

Appendix 1 学振版全288巻の一覧

50	法律取調委員会 民法草案 再調査案議事筆記 第四巻
51	法律取調委員会 民法草案 議事筆記 自第三百十四條至第六百條
52	法律取調委員会 民法草案 議事筆記 自第六百一條至第九百十七條
53	法律取調委員会 民法草案 議事筆記 自第九百十八條至第千二百七十五條
54	民法草案 第二編
55	民法再調査案
56	法律取調委員会 民法草案財産編第三七三条ニ関スル意見
57	民法草案人事編 完
58	民法草案人事編再調査 完
59	民法草案人事編参考法例(三)
60	民法編纂ニ関スル裁判所及司法官意見書 上
61	民法編纂ニ関スル裁判所及司法官意見書 中
62	民法編纂ニ関スル裁判所及司法官意見書 下
63	法律取調委員会 民法草案意見書 人事相続
64	法律取調委員会 民法ニ関スル諸意見綴込
65	民法編纂法律取調委員会書類
66	民法編纂ニ関スル諸意見並雑書 一
67	民法編纂ニ関スル諸意見並雑書 二
68	民法編纂ニ関スル諸意見並雑書 三
69	民法編纂ニ関スル意見書 一號
70	民法編纂ニ関スル意見書 二號
71	民法編纂ニ関スル雑書
72	民法第一議案
73	法典調査会 民法総会議事速記録 第壹巻
74	法典調査会 民法総会議事速記録 第貳巻
75	法典調査会 民法総会議事速記録 第参巻

資　料

76	法典調査会 民法総会議事速記録 第四卷
77	法典調査会 民法総会議事速記録 第五卷
78	法典調査会 民法議事速記録 第壹卷
79	法典調査会 民法議事速記録 第貳卷
80	法典調査会 民法議事速記録 第参卷
81	法典調査会 民法議事速記録 第四卷
82	法典調査会 民法議事速記録 第五卷
83	法典調査会 民法議事速記録 第六卷
84	法典調査会 民法議事速記録 第七卷
85	法典調査会 民法議事速記録 第八卷
86	法典調査会 民法議事速記録 第九卷
87	法典調査会 民法議事速記録 第拾卷
88	法典調査会 民法議事速記録 第拾壹卷
89	法典調査会 民法議事速記録 第拾貳卷
90	法典調査会 民法議事速記録 第拾参卷
91	法典調査会 民法議事速記録 第拾四卷
92	法典調査会 民法議事速記録 第拾五卷
93	法典調査会 民法議事速記録 第拾六卷
94	法典調査会 民法議事速記録 第拾七卷
95	法典調査会 民法議事速記録 第拾八卷
96	法典調査会 民法議事速記録 第拾九卷
97	法典調査会 民法議事速記録 第貳拾卷
98	法典調査会 民法議事速記録 第貳拾壹卷
99	法典調査会 民法議事速記録 第貳拾貳卷
100	法典調査会 民法議事速記録 第貳拾参卷
101	法典調査会 民法議事速記録 第貳拾四卷
102	法典調査会 民法議事速記録 第貳拾五卷

Appendix 1 学振版全288巻の一覧

103	法典調査会 民法議事速記録 第貳拾六巻
104	法典調査会 民法議事速記録 第貳拾七巻
105	法典調査会 民法議事速記録 第貳拾八巻
106	法典調査会 民法議事速記録 第貳拾九巻
107	法典調査会 民法議事速記録 第参拾巻
108	法典調査会 民法議事速記録 第参拾壹巻
109	法典調査会 民法議事速記録 第参拾貳巻
110	法典調査会 民法議事速記録 第参拾参巻
111	法典調査会 民法議事速記録 第参拾四巻
112	法典調査会 民法議事速記録 第参拾五巻
113	法典調査会 民法議事速記録 第参拾六巻
114	法典調査会 民法議事速記録 第参拾七巻
115	法典調査会 民法議事速記録 第参拾八巻
116	法典調査会 民法議事速記録 第参拾九巻
117	法典調査会 民法議事速記録 第四拾巻
118	法典調査会 民法議事速記録 第四拾壹巻
119	法典調査会 民法議事速記録 第四拾貳巻
120	法典調査会 民法議事速記録 第四拾参巻
121	法典調査会 民法議事速記録 第四拾四巻
122	法典調査会 民法議事速記録 第四拾五巻
123	法典調査会 民法議事速記録 第四拾六巻
124	法典調査会 民法議事速記録 第四拾七巻
125	法典調査会 民法議事速記録 第四拾八巻
126	法典調査会 民法議事速記録 第四拾九巻
127	法典調査会 民法議事速記録 第五拾巻
128	法典調査会 民法議事速記録 第五拾壹巻
129	法典調査会 民法議事速記録 第五拾貳巻

資　料

130	法典調査会 民法議事速記録 第五拾参巻
131	法典調査会 民法議事速記録 第五拾四巻
132	法典調査会 民法議事速記録 第五拾五巻
133	法典調査会 民法議事速記録 第五拾六巻
134	法典調査会 民法議事速記録 第五拾七巻
135	法典調査会 民法議事速記録 第五拾八巻
136	法典調査会 民法議事速記録 第五拾九巻
137	法典調査会 民法議事速記録 第六拾巻
138	法典調査会 民法議事速記録 第六拾壹巻
139	法典調査会 民法議事速記録 第六拾貳巻
140	法典調査会 民法議事速記録 第六拾参巻
141	法典調査会 民法議事速記録 第六拾四巻
142	法典調査会 民法議事速記録 第六拾五巻
143	法典調査会 民法主査会議事速記録 第壹巻
144	法典調査会 民法主査会議事速記録 第貳巻
145	法典調査会 民法主査会議事速記録 第参巻
146	法典調査会 民法主査会議事速記録 第四巻
147	法典調査会 民法主査会議事速記録 第五巻
148	法典調査会 民法主査会議事速記録 第六巻
149	法典調査会 民法整理会議事速記録 第壹巻
150	法典調査会 民法整理会議事速記録 第貳巻
151	法典調査会 民法整理会議事速記録 第参巻
152	法典調査会 民法整理会議事速記録 第四巻
153	法典調査会 民法整理会議事速記録 第五巻
154	法典調査会 民法整理会議事速記録 第六巻
155	法典調査会 民法整理会議事速記録 第七巻
156	法典調査会 民法決議案

157	法典調査会 民法整理案
158	法典調査会 民法施行法議事要録
159	法典調査会 民法施行法案
160	法典調査会 民法施行法整理会議事速記録
161	民法修正案 第一編総則 – 第三編債権
162	民法整理決議案 第四編親族第五編相続
163	民法商法修正案整理案
164	山田三良氏ノ修正案 第二条批判
165	民法中修正案 親族相続編
166	旧民法編纂沿革 他
167	法典調査会 不動産登記法議事筆記 第壹巻
168	法典調査会 不動産登記法議事筆記 第貳巻
169	法典調査会 不動産登記法議事筆記 第参巻
170	法典調査会 戸籍法議事速記録
171	商法案
172	会社条例編纂委員会 商社法第一読会筆記 第壹巻
173	会社条例編纂委員会 商社法第一読会筆記 第貳巻
174	会社条例編纂委員会 商社法第一読会筆記 第参巻
175	会社条例編纂委員会 商社法第一読会筆記 第四巻
176	会社条例編纂委員会 商社法第一読会筆記 第五巻
177	会社条例編纂委員会 商社法第一読会筆記 第六巻
178	会社条例編纂委員会 商社法第二読会筆記 第壹巻
179	会社条例編纂委員会 商社法第二読会筆記 第貳巻
180	会社条例編纂委員会 商社法第二読会筆記 第参巻
181	会社条例編纂委員会 商社法第二読会筆記 第四巻
182	会社条例編纂委員会 商社法第二読会筆記 第五巻
183	会社条例編纂委員会 商社法第二読会筆記 第六巻

資　料

184	会社条例編纂委員会 商社法第三，四読会筆記
185	商法編纂委員会 商法第一読会会議筆記 第壹巻
186	商法編纂委員会 商法第一読会会議筆記 第貳巻
187	商法編纂委員会 商法第一読会会議筆記 第参巻
188	商法編纂委員会 商法第一読会会議筆記 第四巻
189	法律取調委員会 商法第二読会会議筆記 第壹巻
190	法律取調委員会 商法第二読会会議筆記 第貳巻
191	法律取調委員会 商法草案議事速記 第壹巻
192	法律取調委員会 商法草案議事速記 第貳巻
193	法律取調委員会 商法草案議事速記 第参巻
194	法律取調委員会 商法草案議事速記 第四巻
195	法律取調委員会 商法草案議事速記 第五巻
196	法律取調委員会 商法草案議事速記 第六巻
197	法律取調委員会 商法草案議事速記 第七巻
198	法律取調委員会 商法草案議事速記 第八巻
199	法律取調委員会 商法草案議事速記 第九巻
200	法律取調委員会 商法草案議事速記 第拾巻
201	法律取調委員会 商法草案議事速記 第拾壹巻
202	法律取調委員会 商法草案議事速記 第拾貳巻
203	法律取調委員会 商法草案議事速記 第拾参巻
204	法律取調委員会 商法草案議事速記 第拾四巻
205	法律取調委員会 商法草案議事速記 第拾五巻
206	旧法律取調委員会ニ関スル書類
207	法律取調委員会 商法再調査案議事速記録 第壹巻
208	法律取調委員会 商法再調査案議事速記録 第貳巻
209	法律取調委員会 商法再調査案議事速記録 第参巻
210	法律取調委員会 商法再調査案議事速記録 第四巻

211	法律取調委員会 商法草案
212	法律取調委員会 商法ニ関スル書類
213	法典調査会 商法委員会議事要録 第壹巻
214	法典調査会 商法委員会議事要録 第貳巻
215	法典調査会 商法委員会議事要録 第参巻
216	法典調査会 商法委員会議事要録 第四巻
217	法典調査会 商法委員会議事要録 第五巻
218	法典調査会 商法委員会議事要録 第六巻
219	法典調査会 商法委員会議事要録 第七巻
220	法典調査会 商法委員会議事要録 第八巻
221	法典調査会 商法委員会議事要録 第九巻
222	法典調査会 商法委員会議事要録 第拾巻
223	法典調査会 商法決議案
224	法典調査会 商法整理会議事要録
225	法典調査会 商法修正案参考書 第一篇, 第二篇
226	法典調査会 商法修正案参考書 第三篇
227	法典調査会 商法修正案参考書 第四篇, 第五篇
228	法典調査会 商法施行法 議事速記録
229	法典調査会 商法附属法 議事速記録
230	第二次法律取調委員会 商法中改正法律案 議事速記録 第壹巻
231	第二次法律取調委員会 商法中改正法律案 議事速記録 第貳巻
232	第二次法律取調委員会 商法中改正法律案 議事速記録 第参巻
233	第二次法律取調委員会 商法中改正法律案 議事速記録 第四巻
234	第二次法律取調委員会 商法中改正法律案 議事速記録 第五巻
235	第二次法律取調委員会 商法中改正法律案 議事速記録 第六巻
236	第二次法律取調委員会 商法中改正法律案 議事速記録 第七巻
237	第二次法律取調委員会 商法中改正法律案 議事速記録 第八巻

資 料

238	第二次法律取調委員会 商法中改正法律案 議事速記録 第九巻
239	第二次法律取調委員会 商法中改正法律案 議事速記録 第拾巻
240	第二次法律取調委員会 商法中改正法律案 議事速記録 第拾壹巻
241	現行民事訴訟手続及カークード氏意見書
242	委員修正 民事訴訟法規則 第一編
243	委員修正 民事訴訟法規則 第二編
244	委員修正 民事訴訟法規則 第三編
245	委員修正 民事訴訟法規則 第四編一二三
246	委員修正 民事訴訟法規則 第五編
247	委員修正 民事訴訟法規則 第六編第七編
248	委員修正 民事訴訟法規則 第八編一二
249	委員修正 民事訴訟法規則 第八編三四
250	民事訴訟法草案 其ノ一
251	民事訴訟法草案 其ノ二
252	民事訴訟法議案
253	法律取調委員会 民事訴訟法草案議事筆記 第壹巻
254	法律取調委員会 民事訴訟法草案議事筆記 第貳巻
255	法律取調委員会 民事訴訟法草案議事筆記 第参巻
256	法律取調委員会 民事訴訟法草案議事筆記 第四巻
257	法律取調委員会 民事訴訟法草案議事筆記 第五巻
258	法律取調委員会 民事訴訟法草案議事筆記 第六巻
259	法律取調委員会 民事訴訟法草案議事筆記 第七巻
260	民事訴訟法草案議案意見書
261	修正民事訴訟草案
262	民事訴訟法再調査案
263	一 モッセ氏意見書 二 不動産ニ関スル強制執行 三 民事訴訟法第七編第二章以下調査案 四 再修正民事訴訟法第七編第二章以下調査案

264	オットー・ルドルフ氏手記日本訴訟法案
265	モッセ氏訴訟法草案
266	テルベック，ホフマン両氏纂輯 白耳義国訴訟管轄及手続ニ関スル法律
267	現行民事訴訟手続ニ対スルカークード氏意見書
268	法典調査会 民事訴訟法議事速記録 第壹巻
269	法典調査会 民事訴訟法議事速記録 第貳巻
270	法典調査会 民事訴訟法議事速記録 第参巻
271	法典調査会 民事訴訟法議事速記録 第四巻
272	法典調査会 民事訴訟法議事速記録 第五巻
273	法典調査会 民事訴訟法議事速記録 第六巻
274	法典調査会 民事訴訟法議事速記録 第七巻
275	法典調査会 人事訴訟手続法議事速記録
276	法典調査会 非訟事件手続法議事速記録
277	法典調査会 刑法聯合会議事速記録 第壹巻
278	法典調査会 刑法聯合会議事速記録 第貳巻
279	法典調査会 会議日誌（法典調査会 裁判所構成法第四部仮会議日誌）
280	法典調査会 委員会総会日誌
281	法典調査会 法例議事速記録 第壹巻
282	法典調査会 法例議事速記録 第貳巻
283	法典調査会 銀行条例，著作権法案等委員会総会 議事速記録
284	法典調査会 保険業法議事筆記
285	外国保険会社ニ関スル勅令案議事録
286	法典調査会 船舶法議事速記録
287	法典調査会 船舶登記規則議事速記録
288	法典調査会 船員法議事速記録

資　料

Appendix 2　参照外国法令一覧

- ［　］内は，筆者による調査結果として，欧文での法律名を示している。民法などの主要法典の一部については，原タイトルではなく，起草委員が参照した可能性が高い欧文資料に基づいた法律名を示した。
- 参照表記が年月日のみであるなど，法律内容が示されていない場合には翻訳を付した。
- 参照表記から制定年月日が明らかでない場合には，可能な限り制定年を付した。

フランス
1　民法／旧民法［Code civil des Français (1804)］
2　商法［Code de commerce (1807)］
3　民事訴訟法［Code de procédure civile (1806)］
4　刑法［Code pénal (1810)］
5　1807年9月3日法［Loi sur le taux de l'intérêt de l'argent（利息制限法）］
6　1832年3月21日法［Loi sur le recrutement de l'armée（徴兵に関する法律）］
7　1855年3月23日法［Loi sur la transcription en matière hypothécaire（抵当権移転法）］
8　1862年5月3日法［Loi portant modification des délais en matière civile et commerciale（民事と商事の期限を改正する法律）］
9　1872年7月27日法［Loi sur le recrutement de l'armée（徴兵に関する法律）］
10　1880年2月27日法［Loi relative à l'aliénation des valeurs mobilières appartenant aux mineurs et aux interdits, et à la conversion de ces mêmes valeurs en titres au porteur（未成年者が所有する有価証券の譲渡と，無記名株式への転換の禁止に関

する法律）〕
　11　1889年2月13日法〔Loi portant modification de l'art. 9 de la loi du 23 mars 1855（1855年3月23日法〔抵当権移転法〕9条を改正する法律）〕
　12　1891年3月9日法〔Loi qui modifie les droits de l'époux sur la succession de son conjoint prédécédé（死亡した一方の配偶者の財産の変更に対する権利に関する法律）〕

オーストリア
　13　民法〔Code civil général de l'Empire d'Autriche (1811)〕
　14　商法〔Das allgemeine Handelsgesetzbuch (1862)〕
　15　刑事訴訟法〔Strafprozeßordnung (1850)〕
　16　手形法〔Allgemeine Wechselordnung (1850)〕
　17　破産法〔Konkursordnung (1869)〕
　18　1871年7月25日法〔Gesetz betreffend das Erforderniß der notariellen Errichtung einiger Rechtsgeschäfte（法律上の取引における公正証書成立の要件に関する法律）〕
　19　1873年8月9日軍隊服務規則〔Dienst-Reglement für das kaiserlich-königliche Heer〕
　20　1873年8月9日軍務條例〔※調査中〕

ロシア
　21　民法〔Code civil de l'empire de Russie〕

オランダ
　22　民法〔Burgerlijk wetboek (1838)〕
　23　法例〔※Anthoine de Saint-Joseph, "Concordance entre les codes civils étrangers et le Code Napoléon", Cotillon, Libraire du Conseil D'Etat, 1856, 2e ed. Tome.2 p.348. の"Dispositions générales"（総則）部分に該当〕
　24　民事訴訟法〔Wetboek van burgerlijke regtsvordering (1838)〕
　25　1857年法〔※調査中〕
　26　1876年11月15日法〔WET, tot aanvulling van de artikelen

388, 389 en 414 van het Burgerlijk Wetboek（民法 388 条，389 条，414 条を補充する法律，）]
27　1884 年 4 月 26 日法［Wet, houdende wijzigingen in het Burgerlijk Wetboek（民法を改正する法律）］

バルチック
28　民法［Liv-, Est- und Curlaendisches Privatrecht（1864）］

イタリア
29　民法［Codice civile del regno d'Italia（1865）/ Code civil du royaume d'Italie（1865）］
30　法例［※上記の" Disposizioni sulla pubblicazione, interpretazione ed applicazione delle leggi in generale" /"Dispositions sur la publication l'interprétation et l'application des lois en général"（法律の解釈及び適用に関する規定）部分に該当］
31　商法［Code de commerce italien（1882）］
32　刑法［Code pénal italien（1890）］

ハンガリー
33　商法［Code de commerce hongrois（1876）］

ポルトガル
34　民法［Code civil portugais（1867）］

デンマーク
35　民法［※Anthoine de Saint-Joseph,"Concordance entre les codes civils étrangers et le Code Napoléon", Cotillon, Libraire du Conseil D'Etat, 1856, 2e ed. Tome.2 p.134. で確認可能］

スイス（連邦法）
36　債務法［Code fédéral des obligations（1881）］
37　能力法・1881 年行為能力法・1881 年 6 月 22 日法［Loi fédérale sur la capacité civile］
38　破産法［Loi fédérale sur la poursuites pour dettes et la faillite（1889）］
39　1874 年 12 月 24 日法［Loi fédérale concernant l'état civil, la

Appendix 2 参照外国法令一覧

tenue des registres qui s'y rapportent et le marriage（出生証書並びにその記録及び婚姻証書の管理に関する連邦法）］

ヴォー（スイス）
 40 民法［Code civil du Canton de Vaud (1819)］
 41 1850年11月21日告［décret du 21 novembre 1850（※タイトル調査中）］
 42 1851年1月11日告［décret du 11 janvier 1851（※タイトル調査中）］

グラウビュンデン（スイス）
 43 民法［Code civil du Canton des Grisons (1862)］

チューリヒ（スイス）
 44 民法／法例［Code civil du canton de Zurich (1887)］

ベルン（スイス）
 45 民法［Code civil du Canton de Berne (1824)］

ヌーシャテル（スイス）
 46 民法［Code civil de la République et Canton de Neuchâtel (1854)］

ティチーノ（スイス）
 47 民法［Code civil du Canton du Tessin / Codice Civile Della Repubblica E Cantone Del Ticino (1837)］

ゾロトゥルン（スイス）
 48 民法［Code civil du Canton de Soleure (1838)］

ルツェルン（スイス）
 49 民法［Code civil du Canton de Lucerne (1831)］

フリブール（スイス）
 50 民法［Code civil du canton de Fribourg (1832)］

モンテネグロ
 51 民法［Code général des biens pour la principauté de Montenegro (1888)］

スペイン

資　料

　　52　民法［Code civil espagnol (1889)］
　　53　商法［Code de commerce espagnol (1885)］
ベルギー
　　54　民法草案［Avant-projet de revision du Code civil (1882)］
　　55　商法［Le Code de commerce belge］
　　56　刑法［Code pénal belge (1867)］
　　57　1824年1月10日法［LOI sur le droit d'emphytéose（借地法）］
　　58　1851年12月16日法［LOI sur la révision du régime hypothécaire（住宅抵当の改正法）］
　　59　1855年3月14日法［LOI relative à la réciprocité internationale en matière de sociétés anonymes（株式会社の問題についての国際的な相互主義についての法律）］
　　60　1872年12月15日法［Code De Commerce（商法典）］
　　61　1873年法［LOI sur les sociétés commerciales（商社に関する法律）］
　　62　1876年3月25日法［LOI contenant le titre 1er du livre préliminaire du Code de procédure civile（民事訴訟法総則第一編に関する法律）］
　　63　1878年4月17日法［LOI contenant le titre préliminaire du Code de procédure pénale（刑事訴訟法総則に関する法律）］
ドイツ（帝国法）
　　64　民法第1草案［Entwurf eines Bürgerlichen Gesetzbuches für das Deutsche Reich: Erste Lesung (1888)］
　　65　民法第2草案［Entwurf eines Bürgerlichen Gesetzbuchs für das Deutsche Reich: Zweite Lesung (1892-1895)］
　　66　民法第3草案［Entwurf eines Bürgerlichen Gesetzbuchs. Vorlage an den Reichstag (1896)］
　　67　民法［Bürgerliches Gesetzbuch (1896)］
　　68　商法［Allgemeines Deutsches Handelsgesetzbuch (1869)］
　　69　民事訴訟法［Civilprozeßordnung (1877)］

Appendix 2 参照外国法令一覧

70 刑法 [Strafgesetzbuch für das Deutsche Reich (1876)]
71 刑事訴訟法 [Strafprozeßordnung (1877)]
72 組合法 [Gesetz, betreffend die privatrechtliche Stellung der Erwerbs- und Wirthschafts-Genossenschaften (1868)]
73 手形法 [Allgemeine Deutsche Wechselordnung (1869)]
74 営業条例 [Gewerbeordnung für den Norddeutschen Bund (1869)]
75 破産法 [Konkursordnung (1877)]
76 施行条例草案 [Entwurf eines Einführungsgesetz zum Bürgerlichen Gesetzbuche]
77 1875年2月6日法 [Gesetz, über die Beurkundung des Personenstandes und die Eheschließung (民事身分と婚姻締結の証書作成に関する法律)]
78 1879年7月21日法 [Gesetz, betreffend die Anfechtung von Rechtshandlungen eines Schuldners außerhalb des Konkursverfahrens (破産手続外における債務者の法的行為の取消しに関する法律)]

プロイセン王国（ドイツ）

79 普・普國法 [Allgemeines Landrecht fuer die preussischen Staaten (プロイセン一般ラント法) (1794)]
80 1854年4月24日法 [Gesetz, betreffend die Abänderungen des Abschnitts 11. Titel 1. Theil II. unt des Abschnitts 9. Titel 2. Theil II. des Allgemeinen Landrechts (一般ラント法の2部1章11節と2部2章9節を改正する法律)]
81 1875年7月5日後見法・1875年7月5日法 [Vormundschaftsordnung]
82 1879年3月24日法律 [Ausführungsgesetz zur Civil-Prozeßordnung (民事訴訟法施行法)]
83 1879年4月1日法 [Gesetz, betreffend die Bildung von Wassergenossenschaften (水利組合の設立に関する法律)]

資　料

　　84　1879年5月14日供託条例 [Allgemeine Verfügung betreffend die Ausführung der Hinterlegungsordnun]

ザクセン王国（ドイツ）

　　85　民法 [Bürgerliches Gesetzbuch für das Königreich Sachsen (1863)]

　　86　1868年6月15日法 [Gesetz, die Juristischen Personen betreffend（法人に関する法律）]

　　87　1882年2月20日法 [Gesetz, die Entmündigung und die Bevormundung Geisteskranker, Gebrechlicher und Verschwender betreffend（禁治産者と心神耗弱者，身体障害者と浪費者に関する法律）]

バイエルン王国（ドイツ）

　　88　民法草案 [Entwurf eines bürgerlichen Gesetzbuches für das Königreich Bayern (1861)]

　　89　巴國法 [Codex Maximilianeus Bavaricus, civilis（バイエルン・マクシミリアン民法典）(1756)]

　　90　1879年2月23日法 [Gesetz zur Ausführung der Reichs-Zivilprozeßordnung und Konkursordnung（民事訴訟法と破産法を施行する法律）]

イギリス

　　91　出訴期限法 [Limitation Act 1623]

　　92　チヤーレス2世12年法24號 [Tenures Abolition Act 1660（土地保有権廃止法）]

　　93　22 & 23 Car II C 10 [The Statute of Distribution 1670（遺産分配法）]

　　94　29 Car II C 3 [Statute of Frauds 1677（詐欺防止法）]

　　95　8 & 9 Will 3 C 11 [Administration of Justice Act 1696（司法の運営に関する法律）]

　　96　4 Anme C 16 [Administration of Justice Act 1705（司法の運営に関する法律）]

Appendix 2　参照外国法令一覧

97　1834年割賦法［Apportionment Act 1834］
98　7 Will IV & 1 Vict C 26［The Wills Act 1837（遺言法）］
99　ヴィクトリア8年9年法109号［Gaming Act 1845（賭博法）］
100　15 & 16 Vict 24［The Wills Act Amendment Act 1852（遺言法を改正する法律）］
101　19 & 20 Vict C 97［Mercantile Law Amendment Act 1856（商事法を改正する法律）］
102　28 & 29 Vict C 60［Dogs Act 1865（犬規制法）］
103　1870年割賦法［Apportionment Act 1870］
104　Supreme Court of Judicature Act 1873［（最高法院法）］
105　Supreme Court of Judicature Act 1875 / Judicature Act 1875［（最高法院法）］
106　1875年勅57号［※和訳資料「時間」］
107　使用者責任法［Employers Liability Act 1880］
108　1882年妻産法［Married Women's Property Act 1882］
109　破産法［Bankruptcy Act 1883］
110　1893年動産売買法［Sale of Goods Act 1893］

カナダ（ローワー・カナダ）

111　民法［Code civil du Bas-Canada (1865) / Civil Code of Lower Canada (1865)］

インド

112　刑法［The Penal Code, Act No. XLV of 1860］
113　相続法／1865年相続法［The Succession Act, Act No. X of 1865］
114　契約法［The Contract Act, Act No. IX of 1872］
115　1877年特別救正法［The Specific Relief Act, Act No. I of 1877］
116　出訴期限法［The Limitation Act, Act No. XV of 1877］
117　財産移転法［The Transfer of Property Act, Act No. IV of 1882］

資　料

　　118　地役法［The Easements Act, Act No. V of 1882］
カリフォルニア（アメリカ）
　　119　民法［The Civil Code of the State of California (1872)］
ニューヨーク（アメリカ）
　　120　民法草案［The Civil code of the state of New York (1865)］
ルイジアナ（アメリカ）
　　121　民法［Code civil de l'état de la Louisiane (1825)］
アルゼンチン
　　122　商法［Code de commerce argentin (1889)］
　　123　旧商法［Código de Comercio de la Nación Argentina (1862)］
国名不明
　　124　ビクトリヤ法典

Appendix 3　参照日本法一覧

太政官布告
1. 華族隠居願嫡子嫡孫元服願養子願ノ方ヲ定ム
2. 縁組規則
3. 新律網領
4. 縁組規則中平民ハ願ニ及ハス戸籍法第五則ニ照依セシム／華族管轄替ヲ願フ者ハ稟候處分セシム
5. 華族ヨリ平民ニ至ル迄互婚姻被差許候條雙方願ニ不及其時々戸長ヘ可届出事但送籍方ノ儀ハ戸籍法第八則ヨリ十一則迄ニ照準可致事
6. 父兄ト同居ノ子弟或ハ別居シテ財産ヲ異ニスルモノ等身代限ノ節處分ノ區別
7. 地所質入書入規則
8. 妻妾ニ非ル婦女分娩ノ兒子ハ私生ト爲シ其婦女ノ引受タラシム
9. 華士族家督相續ノ條規ヲ定ム
10. 外國人民ト婚姻差許條規ヲ定ム
11. 夫婦ノ際其婦離縁ヲ請フモ夫之ヲ肯セサル時ハ出訴スルヲ許ス
12. 改定律例
13. 代人規則
14. 訴答文例並ニ附録
15. 第二十八號華士族家督相續ノ儀第一章改正一章追加
16. 第二十八號中華士族家督相續ノ儀追加
17. 動産不動産書入金穀貸借規則
18. 出訴期限規則
19. 地所質入書入規則第十條第十二條改正
20. 内国船難破及漂流物取扱規則
21. 金穀貸借請人證人辨償規則改正
22. 貨幣條例
23. 建物書入質規則竝ニ賣買讓渡規則

資　料

24　遺失物取扱規則
25　合家ヲ禁止シ從前合家セシ分取扱方
26　金穀等借用證書譲渡ノ節ハ書換ヘシム
27　利息制限法
28　常備兵役ヲ竟ヘサル前分家スルヲ禁ス
29　華士族當主死亡後相續人定メ期限
30　刑法
31　遺失物取扱規則第六條改正
32　絶家期限制定（内務卿連帶）

法律

33　登記法
34　公証人規則
35　市制
36　町村制
37　徴兵令
38　民事訴訟法
39　商法
40　官吏恩給法
41　軍人恩給法
42　民訴施行條例
43　増価競売法
44　非訟事件手続法
45　刑事訴訟法
46　法例

勅令

47　諸學校通則
48　華族世襲財産法
49　商標條例
50　供託規則
51　弁済提供規則

事項索引

【欧　文】

antichrèse······················· *117, 123*
Article History ····· *91, 105, 117, 129, 146*
Bilingual KWIC ····················· *106*
Cascade モード ················ *108, 123*
『Code civil de l'Empire du Japon. Accompagne d'un exposé des motifs.』→エクスポゼ
『Draft civil code』··················· *28*
Individual モード ················ *111, 173*
Parallel モード ·················· *111, 125*
『Projet de code civil : pour le Japon accompagné d'un commentaire.』→プロジェ
『Projet de code civil : pour l'Empire du Japon accompagné d'un commentaire. Nouv. ed.』→プロジェ新版
『Projet de code civil pour l'empire du Japon : accompagné d'un commentaire - 2 ed.』→プロジェ第二版

【あ行】

意見書 ······················· *16, 44, 82*
異体字 ····························· *87*
梅文書 ······················· *49, 57, 62*

永借権 ·························· *151, 158*
エクスポゼ ···················· *5, 41, 109*
乙号議案 ·························· *47, 83*

【か行】

学振版 ··························· *20, 190*
確定案 ····························· *59*
キーワード検索 ····················· *76*
議事速記録 ···················· *23, 57, 76*
議事筆記 ·························· *32, 58*
起草委員 ···················· *18, 48, 57, 101*
旧　字 ····························· *87*
旧民法の物権体系 ··················· *149*
決議案（法典調査会）············ *58, 87*
元老院 ······················ *15, 33, 40, 96*
『元老院会議筆記』··················· *40*
『元老院会議部書類・議案下附返上』 ································ *42*
甲号議案 ················· *48, 86, 93, 94*
────（主査会）················· *50*
────（総会）··················· *50*
荒蕪地・未耕地 ····················· *159*
『公文類聚』 ················· *30, 40, 42*
国立国会図書館デジタルコレク ション ··················· *85, 95, 117*
誤字修正 ·························· *88, 99*
誤植条文番号修正 ···················· *88*

事項索引

【さ行】

『再閲修正民法草案註釈』………… 28, 31
『再閲民法草案 財産編』………… 28, 30
再調査案…………… 15, 16, 32, 42, 96
参照外国法分析器…………… 100, 135
住居権………………………………… 150
修正案（法典調査会）…… 51, 61, 83, 90, 93, 96
修正案（法律取調委員会）……… 14, 32
従たる物権……………………… 148, 176
主査会………………………… 18, 50, 93
　　──議事速記録……………… 24, 58
使用権………………………………… 150
商事法務版………………… 20, 23, 69
所有権の限界………………………… 169
新　字………………………………… 87
枢密院………………………… 14, 40, 96
『枢密院決議』……………………… 40
正誤表………………………… 27, 90
整理案………………………… 19, 58, 87, 93
整理会………………………………… 18
　　──議事速記録………………… 58
総会…………………………… 18, 50, 93
　　──議事速記録……………… 24, 58

【た行】

第1草案……………………………… 42
田部芳文書………………………… 49
「地役」と「地役権」……………… 173
『註釈民法草案 財産編』………… 28

調査案………………………… 14, 32
賃借権………………………… 151, 158
帝国議会会議録……………… 67, 86
テキストデータ…………… 76, 87, 188
田畑質……………………… 119, 137
土地と建物の別個独立性………… 155
取調委員　→法律取調委員

【な行】

『日本近代立法資料叢書』……… 20, 69
『日本民法典資料集成』………… 47, 71

【は行】

『仏訳日本帝国民法典』…… 109, 126
プロジェ………… 4, 25, 70, 80, 90, 92
　　──初版…………………………… 25
　　──第二版…………………… 25, 30
　　──新版…………………… 25, 41, 93
　　和文──……………… 28, 31, 70, 80
プロジェ22年本……………… 27, 81
報告委員……………………… 13, 32
法定地役権………………………… 169
法典調査会………………… 17, 46, 57
法典調査会規則……………………… 17
法典調査規程……………………… 46, 83
法典調査ノ方針……………… 47, 83
法律取調委員………………………… 13
法律取調委員会……………… 12, 16, 32
　　──上申案………………… 15, 16, 42
『法例 民法人事編 民法財産取得編 (続)第二版』………………… 43

事項索引

穂積文書 *49, 57, 59, 87*
ボワソナードの講義録 *78, 177*
ボワソナード民法典 *12*
『ボワソナード民法典資料集成』 *70*

【ま行】

箕作阮甫・麟祥関係文書 *48, 49*
箕作麟祥 *49, 110, 124*
『民法再調査案』 *33, 35*
『民法修正案（前三編）の理由書』
　→『民法修正案理由書』
『民法修正案理由書』 *61, 70, 94*
『民法修正案理由書 附修正法典質疑
　要録』 *62*
民法史料集 *77, 117*
『民法草案獲得編第二部理由書』 *42*
『民法草案 財産取得編』 *28, 30*

『民法草案修正文』 *31, 81*
『民法草案人事編 九国対比』 *42*
『民法草案人事編再調査(完)』 *42*
『民法草案人事編理由書』 *42*
『民法草案第二編』 *33, 39*
『民法第一議案』 *48*
民法編纂局 *12, 30*
　──上申案 *12, 30*
『民法理由書』 *5, 41*

【や行】

約定地役権 *169, 172, 176*
用益権 *150*
用語変遷追跡 Bilingual KWIC *106, 123, 173*
予決議案 *47*
理由書 Web *97, 170*

215

〈著者紹介〉

佐野 智也（さの ともや）

　2014 年　名古屋大学大学院法学研究科博士前後期程修了
　　　　　（博士（法学）取得）
　現　在　名古屋大学大学院法学研究科特任講師
〈所属学会〉
　日本私法学会，情報ネットワーク法学会
〈競争的資金〉
　JSPS 科学研究費 研究活動スタート支援「民法典起草時の
　参照外国法令に関する情報基盤の構築と比較法分析」（課題
　番号：26885036）
　JSPS 科学研究費 若手研究(B)「日本民法典編纂過程におけ
　る参照法令の関係分析」（課題番号：16K17025）

立法沿革研究の新段階
── 明治民法情報基盤の構築 ──

2016（平成28）年5月20日　第1版第1刷発行
1724-7：012-060-020　3800e

Ⓒ著　者　佐　野　智　也
　発行者　今井 貴・稲葉文子
　発行所　株式会社 信 山 社
〒113-0033　東京都文京区本郷 6-2-9-102
Tel 03-3818-1019　Fax 03-3818-0344
笠間才木支店　〒309-1600　茨城県笠間市笠間 515-3
Tel 0296-71-9081　Fax 0296-71-9082
笠間来栖支店　〒309-1625　茨城県笠間市来栖 2345-1
Tel 0296-71-0215　Fax 0296-72-5410
出版契約 2016-1724-7-01011　Printed in Japan, 2016

印刷・ワイズ書籍(Mi)　製本・渋谷文泉閣 p.232
ISBN978-4-7972-1724-7 C3332 ¥3800E 分類324.022-e001

JCOPY〈(社)出版者著作権管理機構 委託出版物〉
本書の無断複写は著作権法上での例外を除き禁じられています。複写される場合は、
そのつど事前に、(社)出版者著作権管理機構（電話 03-3513-6969、FAX 03-3513-6979、
e-mail: info@jcopy.or.jp）の許諾を得てください。

大村敦志 解題

穂積重遠 法教育著作集 〔全3巻〕
われらの法

来栖三郎著作集 〔全3巻〕

我妻洋・唄孝一 編
我妻栄先生の人と足跡

安全保障関連法
―変わる安保体制―
読売新聞政治部 編著

軍縮辞典
日本軍縮学会 編

◆ 国際法原理論

　ハンス・ケルゼン 著／長谷川正国 訳

◆ 民主主義と政治的無知

　イリヤ・ソミン 著／森村 進 訳

信山社

◇ **破産法比較条文の研究** 竹下守夫 監修
　加藤哲夫・長谷部由起子・上原敏夫・西澤宗英 著　　新刊

◇ 〔日本立法資料全集〕**行政手続法制定資料** 塩野宏・小早川光郎 編著

◇ 〔日本立法資料全集〕**刑事訴訟法制定資料** 井上正仁・渡辺咲子・田中開 編著

◇ **各国民事訴訟法参照条文** 三ケ月章・柳田幸三 編

◇ **民事訴訟法旧新対照条文・新民事訴訟規則対応**
　日本立法資料全集編集所 編

◇ **民事裁判小論集** 中野貞一郎 著

◇ **民事手続法評論集** 石川明 著

◇ **新民事訴訟法論考** 高橋宏志 著

◇ **民事訴訟審理構造論** 山本和彦 著

◇ **増補刑法沿革綜覧**
　松尾浩也 増補解題／倉富勇三郎・平沼騏一郎・花井卓蔵 監修

―――――― 信山社 ――――――

日本民法典資料集成 I **民法典編纂の新方針**

広中俊雄 編著／大村敦志・中村哲也・岡孝

- ◆ **民法改正と世界の民法典**
  民法改正研究会 著
- ◆ **迫りつつある債権法改正**
  加藤雅信 著
- ◆ **21世紀の日韓民事法学**
  ―高翔龍先生日韓法学交流記念論文集
  加藤雅信・瀬川信久・能見善久・内田貴・大村敦志
  尹大成・玄炳哲・李起勇 編
- ◆ **市民法の新たな挑戦**
  ―加賀山茂先生還暦記念
  松浦好治・松川正毅・千葉惠美子 編
- ◆ **民法改正案の評価**
  ―債権関係法案の問題点と解決策　加賀山 茂 著
- ◆ **現代民法担保法**　加賀山 茂 著
- ◆ **相殺の担保的機能**　深川裕佳 著
- ◆ **法の国際化と民法**　藤岡康宏 著
- ◆ **史料・明治担保物権法**　平井一雄 編著
  ―プロジェから明治民法まで
- ◆ **ドイツ借家法概説**　藤井俊二 著
- ◆ **金融担保の法理**　鳥谷部茂 著
- ◆ **韓国家族法**―伝統と近代の相克　青木 清 著

― **信山社** ―